Do zobaczenia Polsko - Hallo Deutschland!

Margarete Piekulla

AF219982

Margarete Piekulla

Do zobaczenia Polsko

–

Hallo Deutschland!

1. Auflage © 2021
Margarete Piekulla
Lektorat: Henning Aubel

Umschlaggestaltung: Tom Jay Buchcoverdesign,
https://www.facebook.com/pg/TomJayArts
E-Book-Erstellung und Buchsatz: Jana Köbel,
www.jana-koebel.de

Herstellung und Verlag:
BoD – Books on Demand, Norderstedt
ISBN: 978-3-7534-7918-7

Inhalt

Vorwort..7

Kapitel 1: Kindheit in Polen................................10

Ein Mehrfamilienhaus an der Schule 11

Heiraten erwünscht 15

Berufstätige Eltern 17

Sich Schönes leisten 19

Unbeschwerte Freizeit..23

Schule in knappen Zeiten 26

Familienbande 33

So soll es später sein … 35

Kapitel 2: Aufbruch..36

Leere Supermärkte 39

Warteschlangen, Lebensmittelmarken, Schwarzmarkt ...41

Heimliche Wohnungsauflösung..................................45

Süßer Vorgeschmack 49

Letzte Tage in Polen..52

Kapitel 3: Im Zug nach Deutschland....................54

Auf dem Bahnsteig..56

DDR-Grenzkontrollen 60

Entspannte Weiterfahrt..64

Kapitel 4: Die Ersten Jahre in Deutschland 66

Erste Tage 68

Grenzdurchgangslager Friedland 73

Landesstelle Unna-Massen 81

Notwohnung in Unna - Königsborn 85

Erste deutsche Schule..90

Zwei Umzüge 96

Stadtbücherei Unna 102

Kapitel 5: Sprache und Beruf – Wunsch und Wirklichkeit 103

Beruflicher Abstieg.. 105

Neue Chance in der Landesstelle 107

Ferienjob 109
Handelsschule.. 111
Kapitel 6: Ausbildung und Erste Berufsjahre 113
Vergeblicher Versuch im Hotelfach 114
Speditionskauffrau – Volltreffer!............................... 116
Berufsschule... 120
Abschlussprüfung 122
Beharrlichkeit zahlt sich aus...................................... 123
Als Frau im Versandbüro – kein einfaches Unterfangen... 126
Kapitel 7: Weiterbildung und neue Perspektiven ...131
Ziel: Verkehrsfachwirtin.. 131
Chance: Gefahrguttransport 134
Es muss sich was ändern! 137
Kapitel 8: Zurück zu den Wurzeln.........................140
Polen mit Humor 141
Ein Missgeschick 144
Noch mehr Polnisches 149
Weitere Pläne... 150
Kooperation mit einem polnischen Verein in Misdroy 154
Neuer Vorstand ab Februar 2021 155
Die Autorin...157

Vorwort

Wenn ich für den Satz „Wo kommst Du her?" jedes Mal einen Euro oder damals eine Mark bekommen hätte, wäre ich heute Millionärin.

Ich nenne die Stadt, in der ich seit fast 40 Jahren zu Hause bin. Sehr schnell merke ich jedoch, dass die Antwort nicht diejenige ist, die erwartet oder gewünscht wird. Manche formulieren ihre Frage um: „Ich meinte, wo Du EIGENTLICH herkommst?" — Oft vergesse ich, dass die Menschen an meinem Akzent erkennen, dass ich wohl nicht in Deutschland geboren wurde. Sie meinen das Land, das ich vor 40 Jahren als Kind verlassen habe. Das Land, das bis zum Jahr 2018 lediglich in meiner Erinnerung existiert hat und das jahrzehntelang gar keine Rolle für mich spielte, da ich mich in Deutschland heimisch fühlte.

Im Sommer 2018 trat Polen wieder in mein Leben. Der Integrationsrat der Stadt Unna veranstaltete wie jedes Jahr im September eine interkulturelle Woche. Dann wird ein Land kulturell in den Fokus der Öffentlichkeit gerückt. In diesem Jahr war Polen an der Reihe. Im Rahmen der Planungen fiel auf, dass in Unna, obwohl hier viele Menschen aus Polen leben, diese Bevölkerungsgruppe noch gar nicht in einem Verein organisiert war. Deshalb wurde die Idee für einen gemeinnützigen Verein geboren. Einige Monate später, mit Unterstützung von vielen Seiten, wurde am 7. Juli 2018 der Deutsch-Polnische Kultur-Verein Unna e. V. gegründet. Er hat seitdem viele schöne Veranstaltungen und Treffen organisiert.

Durch den Kulturverein entdeckte ich Polen

wieder für mich. Seitdem genieße ich es, wieder Polnisch zu sprechen, auch wenn es aufgrund fehlender Sprachpraxis etwas holprig wirkt. Und die von mir vermisste polnische Küche hat wieder Einzug in mein Leben gehalten.

Im Rahmen der interkulturellen Woche wurde klar, dass die Menschen, die ursprünglich aus Polen kamen, sehr gut in die Gesellschaft integriert waren. Mein Rückblick auf 40 Jahre Deutschland ist ein Beispiel dafür. Neben meiner Geschichte gibt es unzählige anderer Lebensgeschichten von Polen, die ähnlich positiv darüber berichten können. Alle vereinte damals der Wille, für sich und ihre Familien ein gutes und erfülltes Leben in einem anderen als ihrem Heimatland zu führen. Dieses Ziel haben wir erreicht.

Kapitel 1: Kindheit in Polen

Im Rückblick stellt sich mir die Frage, ob es eine unbeschwerte Kindheit in einer schweren Zeit gibt. Meine Kindheit war geprägt von Zeiten wirtschaftlicher Schieflage, jahrelangen politischen Unruhen und den Auswirkungen, die sich aus der Gründung der Gewerkschaft Solidarität ergaben.

Ein Mehrfamilienhaus an der Schule

Wie viele Menschen aus meinem Umfeld wohnen wir in einem Mehrfamilienhaus aus den 70er-Jahren. Unsere Wohnung ist im Erdgeschoss. Selbst bei Sonnenschein wirkt das grau gestrichene Haus eher trist als einladend. Die Flure haben ein wenig mehr Farbe abbekommen, sie sind hellgelb. Die Außengestaltung wurde an das Haus angepasst. Pflegeleichte grüne Sträucher verleihen unserem Wohnumfeld wenigstens etwas Atmosphäre. Wir leben hier mit 17 anderen Familien in Wohnungen mit gehobenem Standard. Einige Häuser in der Nachbarschaft haben nur ein Außen-WC oder die Familien müssen sich das Bad mit mehreren Nachbarn in einem Zwischenflur teilen. Das bleibt uns erspart. Zwar sind die Wohnungen alle nicht sehr groß, aber sie verfügen glücklicherweise über ein eigenes Bad.

Unsere Wohnung hat drei Zimmer. Das Wohnzimmer ist für Zusammenkünfte aller Art vorbehalten, meist nur für Familienfeiern oder wenn uns Freunde besuchen. Hier steht auch ein Fernseher. Er führt ein Eigenleben, das heißt, er entscheidet, was wir sehen dürfen. Ein neuen zu kaufen, ist utopisch. Die Bestellung hätte unter Umständen erst nach Jahren Erfolg. Und das Fernsehprogramm ist nicht so verlockend, um sich dieser Herausforderung zu stellen.

Das zweite Zimmer gehört mir, der praktische Gedanke steht auch hier Pate. Kein unnötiger Schnickschnack. Nur mein Bett, ein Schreibtisch und mein Schrank. Der einzige Luxus sind für mich die unzähligen Puppen, die ich von meiner Lieblingsoma, väterlicherseits, bekomme. Sie warten in meinem Bettkasten geduldig auf Ihren Einsatz. Der dritte Raum wird von meinen Eltern genutzt. Hier steht neben dem Bett ein großes Regal mit vielen Büchern meines Vaters. Von ihm habe ich wohl die Leidenschaft für Bücher geerbt. Unsere Küche wird leider viel zu wenig genutzt, obwohl sie gut ausgestattet ist. Aber durch die Berufstätigkeit meiner Eltern und die großartige Schulkantine bleibt sie häufig kalt.

Ich gehöre zu den Schülern, die das Glück haben, direkt neben der Schule zu wohnen. So sehe ich vom Fenster aus, wie die Schülerscharen morgens zur Schule gehen. Dann ziehe ich mir in Ruhe meine Sachen an, um in fünf Minuten im Klassenzimmer zu sitzen. An dieser Stelle zeigte sich wieder einmal das Organisationstalent meiner Mutter. Als vollzeitarbeitende Frau ohne nennenswerte familiäre Unterstützung vor Ort hatte sie sich rechtzeitig um eine Wohnung in unmittelbarer Kindergarten- und Schulnähe bemüht und diese auch rechtzeitig bis zu meinem Kindergartenstart bekommen.

Heiraten erwünscht

Unsere familiären und finanziellen Verhältnisse unterscheiden sich kaum von den anderen Familien, die ich kenne. Ich wachse auf in dem Gefühl, dass ich alles, was ich brauche, auch habe und nichts vermissen muss. Auch das gängige Modell Vater, Mutter und Kind gilt für unsere Familie.

Uns Mädchen wird oft vermittelt, dass ein Leben ohne einen Ehemann kein schönes Leben sei. In meinen Wohnblock wohnt eine solche unverheiratete Frau, die uns als abschreckendes Beispiel für diese These präsentiert wird. Sie lebt mit ihrer alten Mutter in einer kleinen düsteren Wohnung und hat jeden Tag Männerbesuch – immer einen anderen. Ich wundere mich, woher sie beide das Geld für ihren Lebensunterhalt haben. Hinter vorgehaltener Hand wird getuschelt, dass die Tochter als Prostituierte arbeiten muss, weil sie den Zeitpunkt für eine Heirat verpasst hat.

Junge Frauen in meiner Umgebung warten damit nicht allzu lange. Einerseits um nicht mit dem Stigma „alte Jungfer" leben zu müssen, andererseits, um mit ihrem Partner in einer gemeinsamen Wohnung wohnen zu können. Paare, die in „wilder Ehe" leben, haben in der Regel keine Möglichkeit, eine eigene Wohnung zu mieten.

Berufstätige Eltern

Nur wenige Frauen, die ich kenne, sind nicht berufstätig. Sie haben dafür einen triftigen Grund: einen gutverdienenden Ehemann oder einen Ehemann, der es nicht gern sieht, wenn seine Frau von ihm finanziell unabhängig ist. Meine Mutter stellt in diesem Punkt die berühmte Ausnahme dar: Sie arbeitet als Hauptbuchhalterin bei einer Versicherungsgesellschaft in Kattowitz, rund 20 km von meiner Heimatstadt Ruda Śląska entfernt. Wenn ich mit meiner Freundin dort bin, schaue ich manchmal kurz bei ihr vorbei. Wenn meine Mutter abends Termine hat, passt eine nette Nachbarin auf mich auf.

Meinen Vater sehe ich leider nur selten. Er arbeitet als Maler und ist oft in ganz Polen unterwegs. Unsere Wohnung dient manchmal als „Vorführort", wenn ein Privatauftrag ansteht. Als Kind ohne Terminkalender weiß ich nie, wann mein Vater nach Hause kommt. Es gibt jedoch ein sicheres Indiz dafür: Die Frauen in unserer Nachbarschaft spielen verrückt. Plötzlich müssen die Teppiche ausgeklopft werden oder die Kissen werden auf die Fensterbank zum Auslüften gelegt, sodass die Möglichkeit für einen kleinen Plausch besteht. Meine Mutter hat einen attraktiven Mann geheiratet. Sobald mein Vater zu Hause ist, erhalten wir ungewöhnlich viel Damenbesuch: Kundinnen, die sich ihr Heim verschönern wollten. So kommen Aufträge herein, die unsere Haushaltskasse aufbessern.

Mit meinem Vater gehe ich oft in ein kleines Café, in dem ich mir ein Eis oder eine Cola bestellen darf. Auch hier fällt er den Damen auf. Erstaunt beobachte ich ihre Versuche, Aufmerksamkeit zu erhaschen. Was sie allerdings nichts wissen können, ist, dass er seine große Schüchternheit nur bei der Werbung um meine Mutter überwunden hat und sich für andere Frauen einfach nicht interessiert.

Sich Schönes leisten

Die Väter und die meisten Mütter meiner Freunde verlassen morgens das Haus und fahren in der Regel mit dem Bus zur Arbeit. Ein eigenes Auto ist ein unbezahlbarer Luxus, den sich nur wenige leisten können. In unserem Wohnblock hat nur eine Familie ein eigenes Auto, ein ausländisches Modell mit einer tollen Farbe: hellblau-metallic. Ein Auto bedeutet für mich Wohlstand und die Freiheit, jederzeit irgendwohin fahren zu können, ohne in einem überfüllten Bus zu stehen. Es gehört dem Vater meiner Freundin Karina. Er arbeitet als selbstständiger Kaufmann und besitzt einen kleinen gutgehenden Laden in der Innenstadt. Um dem Ganzen die Krone aufzusetzen – ihre Familie hat Verwandtschaft im Westen!

Karina muss mit unserem Neid auf ihre schönen Kleider aus Deutschland zurechtkommen. Meine Kleidung stammt aus dem

Konsum und lässt keinen Raum für Individualität.

Im Jahr 1978 rücken die begehrten Artikel aus dem Westen noch näher. Nur wenige Meter von unserem Wohnblock entfernt stellen Einzelhändler Holzbuden auf, in denen sie Waren aus dem Ausland verkaufen. Hier kann man mit entsprechendem Geldbeutel andere Sachen kaufen als im Konsum. Sie sind einfach schöner und bunter als das, was ich und meine Freunde kennen. Uns wird erklärt, dass diese Waren aus dem Ausland, meist aus Deutschland, stammen. In meiner Fantasie stelle ich mir vor, dass es in Deutschland viel schöner ist als bei uns. Dass ich in ein paar Jahren dort leben würde, ist mir zu diesem Zeitpunkt nicht mal ansatzweise bewusst.

So streife ich mit meinen Freunden stundenlang um diese kleinen Geschäfte herum, um die neuesten Auslagen zu bewundern, und überlege mir unschlagbare Argumente für das eine oder andere von mir begehrte Teil. Meine Argumente scheinen zu überzeugen, denn manchmal erhalte ich das Gewünschte zum Geburtstag oder es liegt unter dem Weihnachtsbaum.

Zwar interessieren mich diese ausländischen Produkte, aber viel mehr zieht es mich zu der Waffelbäckerei, die auf demselben Platz wie die Verkaufsbuden errichtet wurde. Der Waffelduft zieht bis zu unserem Haus. Ein eigenes Waffeleisen haben wir, wie andere Familien, nicht zu Hause stehen. Somit ist die Waffenbäckerei meine einzige Möglichkeit, diese Köstlichkeiten zu genießen.

Für eine Portion Waffeln mit Blaubeeren und frischer Sahne war ich bereit, meine Finanzen mit dem Sammeln von Pfandflaschen und Altpapier aufzubessern. Zu jung für „richtige" Jobs, bleiben mir wie allen anderen Kindern nur diese beiden Einnahmequellen übrig. Mein Tagesziel ist eine Waffel. Taschengeld habe ich von meinen Eltern nie bekommen. Sie geben mir Geld für Notwendiges. Waffeln fallen nicht in diese Kategorie. Es ist für mich ein erhebendes Gefühl, selbst mein Portemonnaie füllen.

Fast jeden Tag schauen wir uns an den einschlägigen Orten nach Pfandflaschen um. Wichtig ist abzuwarten, bis die Männer, die sich dort aufhalten und trinken, nach Hause gehen – sie sind nicht erpicht darauf, gesehen zu werden. Als Kind kannte ich daher alle polnischen Biermarken. Bevor der Supermarkt abends schließt, gebe ich meine Pfandflaschen ab und habe wieder ausreichend Geld. Das Sammeln von Altpapier wird von unserer Schule organisiert und ist leider nur auf wenige Termine im Jahr beschränkt. So sind Pfandflaschen meine Haupteinnahmequelle.

Unbeschwerte Freizeit

Mein Leben und das Leben meiner Freunde spielt sich zwischen Schule und Freizeit ab. Meist sind wir draußen. In unseren Kinderzimmern sind wir nur bei schlechtem Wetter oder wenn jemand ein neues Spielzeug bekommen hat. Nur zu den Mahlzeiten sehen uns die Eltern wieder. Bei Anbruch der Dunkelheit werden wir meist aus dem Fenster nach Hause gerufen. Zu unserem Wohnblock gehören neben einem größeren Rasenstück ein Sandkasten und eine Stange zum Ausklopfen von Teppichen, die wir für verschiedene, zum Teil halsbrecherische Turnübungen zweckentfremden. Von unseren Eltern weitgehend unbeobachtet, verbringen wir so unsere Freizeit.

Um sich miteinander zu verabreden, genügt ein Klingeln an der Haustür oder ein Ruf unter dem Fenster. Keine langwierigen Planungen oder Absprachen zwischen den Eltern sind nötig oder auch nur erwünscht. Dass wir selbstständig unsere Freizeit planen und gestalten, wird von unseren Eltern wie selbstverständlich erwartet.

Oft fahren wir im meistens übervollen Bus in die große Stadt, um Aufregendes zu erleben, am liebsten nach Kattowitz. Ich liebe es, mit meiner besten Freundin in einem schicken Café zu sitzen und heiße Schokolade zu trinken. Manchmal, wenn unser Geldbeutel es uns erlaubt, bleibt es nicht bei diesem Getränk, wir bestellen manchmal auch ein richtiges Menü. Die Kellner checken vor der Bestellung erst unser Bargeld, aber dann bedienen sie uns anstandslos.

In Ruda Śląska sind die Freizeitmöglichkeiten eher spärlich gesät. Das nächste, leider meist geschlossene Schwimmbad befindet sich in 10 km Entfernung. Manchmal haben wir Glück und können uns auf dem Gelände aufhalten.

Meine Freunde und ich können leider nicht schwimmen. Ein regulärer Schwimmunterricht ist in der Schule nicht vorgesehen. Wenn wir schwimmen lernen wollen, sind wir auf unsere Eltern und Freunde angewiesen.

In Kattowitz gibt es eine große Eissporthalle – eine gute Gelegenheit, meine heißgeliebten Schlittschuhe, die unter dem Weihnachtsbaum lagen, auszuprobieren. Aus dem Fernsehen kenne ich Eiskunstlauf. Ich bewundere die Tänzer, die auf dem Eis ihre Pirouetten drehen. Manchmal stelle ich mir vor, ich gleite in einem Glitzerkostüm so leichtfüßig dahin wie sie.

Schule in knappen Zeiten

An meiner Grundschule herrscht Ordnung und Disziplin. Die polnische Flagge begrüßt mich jeden Morgen vor dem Eingang. Wie alle anderen trage ich Schulkleidung. Die Jungs kommen mit blauen und wir Mädchen entweder in der gleichen Farbe oder mit weinroten Oberteilen bekleidet zur Schule. Andere Farben sind bei uns im Umkreis leider nicht erhältlich.

In meiner Klasse werden 34 Kinder durch die meist strengen Lehrer unterrichtet. Diese große Anzahl ist während des Unterrichts fast nicht zu bemerken. Wir sitzen still auf unseren festen Plätzen, um dem Lehrer, falls wir aufgerufen werden, die richtige Antwort zu geben.

Ich möchte weder vorne, direkt von den Augen des Lehrers sitzen noch in der letzten Reihe, die für mich viel zu weit von der Tafel entfernt ist, um schnell abschreiben zu können, was dort steht. Deshalb habe ich mir einen Platz in der dritten Reihe direkt neben meiner Freundin gesucht. Mit ihrem Ehrgeiz stachelt sie mich täglich neu an.

Ich fühle mich trotz der strengen Schuldisziplin sehr wohl in unserem Klassenzimmer. Die Wände sind liebevoll mit unseren „Werken" dekoriert. Sie werden je nach Jahreszeit und Anlass regelmäßig gewechselt. Unser Klassenraum wird mich bis zum Ende der 4. Klasse begleiten. Die meisten meiner Mitschüler legen wie auch ich viel Wert auf gute Schulnoten. Diese zu erreichen, ist nicht besonders schwer.

Ab und zu necken wir uns untereinander. Es sind jedoch nur harmlose Bemerkungen über die komische Farbe der neuen Haarschleife oder den verpatzen Haarschnitt, den eine Mutter „kreiert" hat.

„Markenkleidung" lerne ich erst in der 4. Klasse durch Pakete, die einige Mitschüler von ihren Verwandten aus dem Westen bekommen, kennen. An einem Mitschüler sehe ich zum ersten Mal eine Levis. Ein solche zu tragen, wird zum Traum vieler Mitschüler, auch ich wünsche mir eine solche coole Jeans. Dieser Wunsch wird mir sehr überraschend durch meine Mutter erfüllt. In einem PEWEX-Laden kauft sie mir das begehrte Kleidungsstück, allerdings nicht in meiner Größe, denn die gibt es dort nicht. Das ist aber kein Problem, schließlich wachse ich – irgendwann passt die Hose.

Ab dem Jahr 1979 wird unser Leben schwieriger. Lebensmitteln sind überall knapp, in den Supermärkten sehe ich immer öfter nur leere Regale. Die Leere wird durch Unmengen von Plastikeimern und Flaschen mit Essig „gefüllt". Tauschhandel wird nun eine Notwendigkeit. An vielen Orten entstehen Schwarzmärkte. Hier kann ich Sachen, unter ihnen auch

Lebensmittel, oft nur bestaunen. Für meine Eltern sind die dort angebotenen Waren trotz der guten Gehälter unerschwinglich.

Die Schulkantine wird in dieser Zeit mein persönliches Highlight. Wie fast alle Schüler esse ich dort jeden Tag zu Mittag. Die beiden Köchinnen nehmen ihre Arbeit zu unserem Glück sehr ernst und haben sichtlich Freude daran, uns aus dem immer weniger zur Verfügung stehenden Lebensmitteln eine leckere Mahlzeit zu bereiten. Jeden Tag stehen wir am Fenster der Ausgabestelle und handeln aus, was untereinander getauscht werden kann. Ich bin diejenige, die, nach einem Nachschlag gefragt, fast immer ja sagt. Mein Appetit und die Aussicht auf die kalte Küche zu Hause machen mir die Entscheidung leicht.

In der Regel bekommen wir nicht viele Hausaufgaben, sodass wir viel Freizeit haben, die wir mit unseren Freunden verbringen können. Nur wenige Kinder werden für familiäre

Termine verplant. Diese unbeschwerte Zeit geht aber zu Ende.

Lange Schlangen vor den Supermärkten gehören jetzt immer mehr zu unserem Alltag und beeinflussen auch unsere Freizeitgestaltung. Von den Eltern werden wir nach der Schule wie selbstverständlich zum Schlange stehen vor dem Supermarkt eingeplant. Und das stundenlang, ohne zu wissen, ob und was wir kaufen können. Wenn wir endlich an der Reihe sind, gibt es nicht mehr viel. Improvisation wird zu unserem täglichen Begleiter.

An den Sonntagen sind die Geschäfte geschlossen. Ein Tag ohne lästiges Stehen in der Warteschlage. Die Familien beginnen ihn mit dem Besuch des Gottesdienstes. Natürlich wird dieser auch dafür genutzt, neue Anziehsachen vorzuführen oder den Schwarm näher in Augenschein zu nehmen. Während des Gottesdienstes wird nicht nur gesungen, sondern auch manchmal schüchtern miteinander geflirtet. So sind die Kirchenbesuche eine willkommene Abwechslung unseres manchmal tristen Alltags.

Familienbande

Meine Familie ist im Vergleich zu anderen Familien nicht besonders groß. Die Wirren des Zweiten Weltkriegs haben die Mutter meiner Mutter nach Frankreich und ihren Vater nach Deutschland verschlagen. Deshalb kenne ich diese Großeltern nicht. Auch meine Mutter hat inzwischen keinen Kontakt mehr zu ihren Eltern. Als Jugendliche besuchte sie noch ihren Vater mit seiner neuen Familie, aber der Kontakt brach mit den Jahren ab. Während dieser Besuche hat sie auch etwas Deutsch gelernt.

Die Eltern meines Vaters sind für mich dagegen sehr präsent. Ich bin die einzige Enkelin neben zwei Enkeln und werde besonders verwöhnt. Meine Oma und meine Tante Stefanie wohnen in derselben Straße des Nachbarorts. Ich besuche sie oft und gern.

Meine Oma ist eine fleißige und umsichtige Frau, die auch nach ihrer Berufstätigkeit als Näherin Handtaschen und Koffer zu Hause näht. Diese sind in Zeiten leerer Regale begehrte Artikel. Bei meiner Oma können sich die Kunden Taschen selbst kreieren. Das sorgt für ein gutes Auskommen.

Mein Opa ist sehr in sich gekehrt und sagt kaum etwas, wenn ich meine Großeltern besuche. Als Soldat wurde er schwer verwundet und kann deshalb seinen rechten Arm nur noch eingeschränkt bewegen. Auch in seiner Psyche hat der Krieg unauslöschliche Spuren hinterlassen. Er betäubt seine traumatischen Erinnerungen und seine körperliche Behinderung mit Alkohol und hüllt sich meist, in einer Ecke der Küche sitzend, in Schweigen.

So soll es später sein ...

Tante Stefanie und Onkel Geniek sind neben Eltern und Oma meine „Stützpfeiler". Tante Stefanie lebt mir ein Leben vor, das ich mir selbst erträume. Es scheint, als würde ihr an nichts mangeln. Auch die leeren Supermarktregale werden von ihr nicht beachtet. Ihre großzügige Wohnung im 10. Stockwerk eines Neubaus hat alles, was man sich wünschen kann. Neue, elegante Möbel unterstreichen ihr gelungenes Leben.

Mein Onkel arbeitet als Ingenieur in einem Bergwerk und bekommt ein gutes Gehalt und einige Vergünstigungen. Auch seinen beiden Söhnen mangelt es an nichts. Ich staune und wünsche mir insgeheim, als Erwachsene ein solches Leben führen zu können.

Kapitel 2: Aufbruch

Das Jahr 1979 verändert das Leben in unserer Familie für immer. Noch im Jahr zuvor erlebe ich meine Mutter als zufriedene und lebenslustige Frau, trotz der immer schlechteren wirtschaftlichen Lage. Mit viel Optimismus und mit einer gehörigen Portion Realismus bewältigt sie nach der Scheidung von meinem Vater als Alleinerziehende das Leben. Ihrem Beruf bei einer Versicherung, der ihr Anerkennung und viele Kontakte beschert, geht sie mit sichtlicher Freude nach. Jeden Morgen verlässt sie gut gelaunt und „schick" gemacht unsere Wohnung, um mit dem Bus zur Arbeit zu fahren. Es sieht für mich so aus, als führe sie ein interessantes und erfülltes Leben. Seit einiger Zeit hat sie zusätzlich zu ihrer Arbeitsstelle die

Aufgabe als Schöffin am Gericht in Kattowitz übernommen.

Ihre Stimmung ändert sich deutlich, als mein 16 Jahre älterer Halbbruder sich dazu entschließt, Polen für immer zu verlassen und nach Deutschland überzusiedeln. Meine Mutter war vor der Heirat mit meinem Vater bereits ein Mal verheiratet. Zu meinem Halbbruder habe ich allerdings sehr wenig Kontakt.

Seit diesem Entschluss bestimmen Sorgen und Ängste ihren und meinen Alltag. In dieser Zeit trifft sie auch eine für mich folgeschwere Entscheidung.

Ich erfahre, dass sie den Wunsch nach Deutschland überzusiedeln, bereits in der Vergangenheit hatte, diesen jedoch nur halbherzig verfolgt hat. Das änderte sich jetzt. Sie bemüht sich intensiv um ein Ausreisevisum für uns beide. Mein Halbbruder hat inzwischen Polen verlassen. Mit jedem Ablehnungsbescheid, der uns nun erreicht, wird die Situation vor Ort heikler. Denn es ist ersichtlich, dass meine Mutter Polen für immer den Rücken kehren will, zumal sie als geschiedene Frau mit einem Sohn, der in Deutschland lebt, keinen Grund mehr hat zu bleiben.

Leere Supermärkte

Im Jahr 1980 beginnen auch die Aktivitäten der unabhängigen Gewerkschaft Solidarität, die sich in Danzig gegründet hat. Plötzlich ist der Name Lech Wałęsa in aller Munde. Die Menschen in meiner Umgebung sind zum Teil euphorisch und sprechen hoffnungsvoll von einer neuen, besseren Zeit, die bald beginnt. Jahrzehnte der Misswirtschaft und der stets sinkende soziale Standard sollen endlich der Vergangenheit angehören. In diesem Jahr explodieren die Lebensmittelpreise, ein Kilo Fleisch kostet fast das Doppelte, für größere Familien ist das fast unbezahlbar.

Obwohl meine Mutter eine gut bezahlte Arbeitsstelle hat, die uns finanziell gutstellt, sind wir von der Situation genauso betroffen wir alle anderen. Wir haben zwar das nötige Geld, können dafür jedoch nicht viel kaufen, weil kaum etwas in den Läden angeboten wird. In den Supermarktregalen herrscht meist gähnende Leere. Werden Waren geliefert, sind sie innerhalb kurzer Zeit verschwunden. Nur ein paar unbrauchbare Reste bleiben übrig. Vieles wird unter der Ladentheke zu erhöhten Preisen verkauft. Glück haben diejenigen, die einen guten Bekannten in einem Geschäft oder einfach etwas zum Tauschen haben.

Warteschlangen, Lebensmittel- marken, Schwarzmarkt

In dieser Zeit darf ich nach einigen behördlichen Formalitäten mit meiner Mutter einen Ausflug in die Tschechoslowakei unternehmen. Ich staune nicht schlecht über die Auslagen in den Geschäften. Es gibt nicht nur leckeres Essen, sondern auch Kleidung in leuchtenden Farben. Ich darf mir ein Kleid aussuchen. Glücklich fahre ich damit nach Hause und kann es kaum erwarten, meine neue Errungenschaft anzuziehen. Die Anziehsachen, die man in Polen kaufen kann, sind vor allem praktisch. Um wenigstens etwas Schönes zu haben, fahre ich manchmal mit meiner Mutter in die nächstgrößere Stadt. Trotzdem können diese Kleidungsstücke in keiner Weise mit denen aus dem Ausland mithalten.

Unser Leben bestimmen jetzt die oft erfolglose Suche nach Lebensmitteln, aus denen wir eine vernünftige Mahlzeit bereiten können, und das stundenlange, hoffnungsvolle Warten in den Schlangen vor den Geschäften. Oft noch vor Tagesanbruch stellen sich die ersten Hausfrauen an. Diese Möglichkeit haben die Berufstätigen nicht. So übernehme ich, wie auch andere Kinder, nach der Schule diese Aufgabe. Manchmal geht es in der Schlange rabiat zu. Es gilt das Recht des Stärkeren oder Lauteren.

In der Stadtkirche an unserem Wohnort hat die Kirchengemeinde eine Sammelstelle für Spenden aus dem Ausland eingerichtet. Dort können wir, ebenfalls nach langem Warten, ein paar Lebensmittel bekommen. Wir treffen Freunde und Bekannte. Anfänglich mit Scham behaftet, entwickelt sich der Gang dorthin zu einem Treffpunkt mit regen Gesprächen. Manchmal zaubern die Spenden ein glückliches Lächeln ins Gesicht des Emp-

fängers. Wichtig ist, zuvor in der Sonntags-
messe gewesen zu sein.

Ausgelöst durch die Lebensmittelknappheit,
werden am 1. April 1980 Agrarprodukte
staatlich rationiert. Die Versorgung der Be-
völkerung mit allem Notwendigen ist eine
Forderung der Solidarität. Für Fleisch, Butter
und Zucker erhalten alle Haushalte Marken.
Die Mengen sind genau festgelegt. Jedem
Erwachsenen stehen 3,5 Kilo Fleisch und 1
Kilo Zucker im Monat zu. Butter ist ebenfalls
von dieser Regelung betroffen. Wir und
andere Familien bekommen sie manchmal
zusätzlich an der Ausgabe der Kirche. Je nach
Bedarf tauschen oder verkaufen wir dann
die Marken. Größere Mengen Lebensmittel
erhalten Schwangere und Menschen, die
schwere körperliche Arbeit verrichten.

Aber auch Marken füllen keine Supermarktregale. Aus diesem Grund bleiben meiner
Mutter manchmal nur noch der Schwarzmarkt

oder ein Tauschgeschäft, um unseren Kühlschrank zu füllen.

Ein kleiner Lichtblick für mich ist die Milchausgabe in der Schule. Jeder Schüler hat Anspruch auf 0,5 Liter warme Milch pro Tag mit einer Jodtablette. An manchen Tagen helfe ich meinen Mitschülern, die keine Milch mögen, aus, indem ich ihre Portion für sie austrinke. Kalziummangel gehört deshalb nicht zu meinen Sorgen.

Heimliche Wohnungsauflösung

Eine (Aus)reise nach Deutschland wird von den Behörden nicht gern gesehen. Wir erhalten nur ein Visum mit begrenzter Dauer und nur für Frankreich. Meine Oma, die ich noch nie gesehen habe, soll also Besuch bekommen. Das ist der offizielle Grund unserer Reise.

Ich weiß jedoch, wie unsere wirklichen Pläne aussehen, nämlich in Deutschland aus dem Zug zu steigen und, falls unsere Dokumente – als Spätaussiedler – ausreichend sind, auch dort dauerhaft zu leben. Sollte uns das nicht glücken, würden wir nach den Sommerferien wieder nach Polen zurückkommen und hätten dann von der großartigen Urlaubsreise in Frankreich zu erzählen. Ein Problem wäre allerdings, von einem Land zu berichten, das ich noch nie gesehen habe, nicht einmal im Fernsehen.

Im Frühjahr 1981 ist das heißersehnte Visum endlich da. Anfang der Sommerferien werden wir Polen, vielleicht für immer, verlassen. Die drei Monate bis zur Ausreise sind vom Verkauf unseres Hausrats geprägt. Die Freude auf ein neues Leben wechselt sich mit der Angst vor großer Ungewissheit über das Danach ab, ob in Polen oder Deutschland. Ich werde vielleicht in einem Land leben, dessen Sprache und Mentalität ich überhaupt nicht kenne. Meine erste Fremdsprache soll ich erst in der 5. Klasse lernen, das wäre im nächsten Schuljahr. Russisch steht auf dem Stundenplan.

Nachdem die Ausreisepläne konkret werden, überweist meine Mutter größere Geldbeträge, die aus dem Verkauf unseres Haushalts stammen und in Dollar umgetauscht wurden, auf ein Bankkonto in Deutschland. Dies soll unser Startgeld für den Neubeginn sein.

Alles, was sich zu Geld machen lässt, verkauft meine Mutter heimlich, idealerweise an

Menschen, die uns nicht kennen. Das ist wichtig, damit wir nicht auffallen. Denn wer möchte schon Dinge, auf die man vorher lange gewartet hat, gleich wieder loswerden. Leider gehört mein neues rotes Fahrrad dazu. Darauf habe ich fast zwei Jahre gewartet. Im Frühjahr konnten wir es beim Händler abholen. Es ist ein Geschenk zu meinem 11. Geburtstag. Da es draußen noch zu kalt ist, wird das Rad fertig montiert in mein Zimmer gestellt. Ich darf damit ein paar Mal auf dem Hof vor dem Wohnblock fahren, dann wird es an eine meiner Freundinnen verkauft.

Wir dürfen nicht auffallen. In der Schule habe ich oft Angst, dass meine Vorfreude mich verraten könnte, vor allem weil die allgemeine Grundstimmung mehr als pessimistisch ist. Denn die aktuelle wirtschaftliche und politische Lage bessert sich, wie von vielen erhofft, nicht. Ich bin sehr angespannt und fühle mich auch beobachtet. Daher passe ich auf, was ich wem sage.

Von Woche zu Woche wird die Wohnung leerer, nur das, was wir beide bis zur Ausreise brauchen, steht noch dort. Da Besucher keinen Verdacht schöpfen sollen, werden die Wohnzimmermöbel zuletzt verkauft. Hätten Besucher die Schränke geöffnet, würden sie dort leere Regale wie in den Supermärkten vorfinden. Die große Hoffnung meiner Mutter ist, dass dies erst nach unserer geglückten Ankunft in Deutschland geschieht.

Mein Halbbruder hat sich inzwischen in Deutschland eingelebt und bereitet alles Nötige für unsere Ankunft vor. Erforderliche Dokumente, die unsere Staatsangehörigkeit bescheinigen, wurden bereits von einem befreundeten Anwalt nach Deutschland mit-genommen.

Süßer Vorgeschmack

Im Sommer 1981 zeichnen sich politische Unruhen ab. Ich selbst fühle die angespannte Stimmung. Die Erwachsenen sprechen leise miteinander und wirken gleichzeitig aufgeregt. Das Wort Ausnahmezustand macht die Runde. Ich kann mir darunter nichts Konkretes vorstellen. Ich finde, dass wir bereits seit Jahren in einem Ausnahmezustand leben. Was soll da noch Schlimmeres kommen?

In diesem Frühjahr höre ich immer wieder von Bekannten, die nach Deutschland aufgebrochen sind. Es heißt, dass sie dort Verwandte haben und dort wahrscheinlich, wie wir in Frankreich, Urlaub machen wollen. Manchmal wird von einer illegalen Ausreise gemunkelt. Auch darunter kann ich mir nichts vorstellen.

Mein Halbbruder schickt uns manchmal zunächst mit der Post, dann über ein Unternehmen, das mit kleinen Transportern regelmäßig zwischen Deutschland und Polen verkehrt, Pakete, die wir meist in Kattowitz abholen. Oft sind die Pakete, die über die Post versandt wurden, geöffnet und geplündert worden. Die Überbleibsel werden uns nach stundenlangem Warten vor der Ausgabestelle wortlos übergeben. Die Pakete, die über das Transportunternehmen versandt werden, kommen genauso an, wie sie von meinem Bruder abgeschickt wurden. Zum Glück ist alles noch drin.

Wenn wir die Pakete in unserer Wohnung öffnen, strömt ein uns unbekannter, intensiver Duft entgegen. Lebensmittel, die ich oft nur aus Büchern kenne, betrachten wir ehrfürchtig und finden es oft viel zu schade, sie aufzuessen. Doch siegt die Neugierde. Nutella hat es mir besonders angetan. Die leckere Creme löffele ich andächtig aus. Meiner Mutter ist vom Bohnenkaffee begeistert. Kaffeeduft hängt tagelang in unserer Wohnung. Allein diese beiden Dinge machen uns beiden Lust auf mehr und verscheuchen für ein paar Augenblicke unser Bangen.

Vor den Nachbarn können wir die Paketlieferungen nicht geheim halten. Sie fragen sich ohnehin, weshalb mein Halbbruder nicht mehr zu Besuch kommt. Meine Mutter schiebt Familienstreit vor, falls sie darauf angesprochen wird. Auch meine Freundinnen sehen die Sachen aus dem Westen und beneiden mich. Deshalb esse ich nicht alles allein auf, sondern lasse sie an der leckeren Schokolade und den Bonbons teilhaben.

Letzte Tage in Polen

Seitdem ich weiß, dass meine Mutter Visa für uns beide hat, begleitet mich ein unbekanntes Glücksgefühl durch den Tag. Sorgfältig packe ich meine Sachen in einen kleinen Koffer. Ich muss mich auf die notwendigen Dinge, die eine Urlaubsreise erfordert, beschränken. Deshalb packe ich nur ein paar Anziehsachen und etwas zum Lesen für die lange Zugreise ein. Alles andere, was sich bis zur Abreise nicht verkaufen lässt, bleibt zurück. Ich denke lieber nicht darüber nach, wer meine Sachen mal bekommt oder was damit geschieht. Meine Gedanken sind bereits woanders.

Gern würde ich auch die kleine Milchbar „Smaczek" einpacken. Dort habe ich oft mit meiner Freundin Jola unser Pfandgeld in leckere Gerichte umgesetzt. Diese kleine, auch finanzielle Freiheit werde ich bestimmt vermissen. Aber vielleicht brauche ich in Deutschland keine Pfandflaschen sammeln, um mir etwas Schönes leisten zu können.

Als die Sommerferien beginnen, kann ich mich etwas entspannen. Die Tage sind mit Unternehmungen mit Jola und dem Pfand-flaschensammeln ausgefüllt. Das hilft mir, nicht vor Aufregung zu platzen. Einziger Anhaltspunkt für mein neues Leben ist der herrliche Geruch aus den Lebensmittelpake-ten.

Kapitel 3: Im Zug nach Deutschland

Der Tag unserer Abreise rückt immer näher. Die Anspannung bei meiner Mutter und mir wird allmählich auch für Außenstehende sichtbar.

Für mich steht der letzte Schultag in diesem Schuljahr, in dieser Schule, in diesem Land an. Mit einem Gefühl der Beklemmung betrete ich den Klassenraum und setze mich wie gewohnt auf meinen Platz. An diesem Tag sprechen alle über die bevorstehenden Ferien. Nach meinen Plänen gefragt, erzähle ich kurz von unserer bevorstehenden Reise zur Oma nach Paris – dort lebt sie tatsächlich. Neidische Blicke und Kommentare verfolgen mich bis zur letzten

Unterrichtsstunde. Details kann ich nicht nennen, schließlich habe ich überhaupt keine Vorstellung von Paris und kann mir auch keine aktuellen und glaubwürdigen Informationen beschaffen. So tue ich geheimnisvoll und verspreche, im neuen Schuljahr ausführlich zu berichten.

Meine Mutter verabschiedet sich von den ihr nahestehenden Personen, die in unsere Ausreisepläne eingeweiht sind. Wie es für mich aussieht, schwankt ihre Stimmung zwischen Vorfreude auf das Wiedersehen mit ihrem Sohn und Wehmut über das zurückgelassene Leben.

Auf dem Bahnsteig

Am Tag unserer Ausreise nehmen wir für die Fahrt zum Bahnhof ein Taxi. Damit es auf jeden Fall pünktlich kommt, haben wir es eine Stunde vor dem notwendigen Termin bestellt. In unserer Stadt fahren nur wenige Taxis und am Anfang der Ferien sind diese wenigen meist ausgebucht.

Wir gehen noch einmal durch die Wohnung, um zu schauen, ob wir nicht etwas vergessen haben. Aber dem ist nicht so. Wir haben es plötzlich sehr eilig, ins Taxi zu steigen. Unsere Nachbarn sind zu dieser Uhrzeit bereits draußen unterwegs. Sie wünschen uns einen schönen Urlaub und bitten uns, Kleinigkeiten für sie aus Frankreich mitzubringen. Auch meine beste Freundin Jola steht neben dem Taxi und macht mit mir Pläne, wenn ich wieder zurück bin. Ein Kloß im Hals macht es mir sehr schwer, mit ihr unbeschwert zu plaudern. Als wir losfahren, fühle ich mich einfach nur leer. Die freudige Aufregung der letzten Wochen ist verschwunden.

Der Bahnsteig in Kattowitz ist überraschend leer. Ich habe viel mehr Reisende erwartet. Dann fällt mir ein, dass der Zug durch Deutschland nach Frankreich fährt und deshalb wohl nicht so viele Menschen mit uns im Zug sitzen werden.

Mit zwei Koffern und einer Tasche mit Reiseproviant stehen wir fast eine Stunde auf dem Bahnsteig, der sich allmählich mit anderen Reisenden füllt. Die Atmosphäre ist an diesem Spätvormittag angespannt.

In diesem Jahr verlassen viele Menschen Polen und machen sich auf in eine ungewisse Zukunft. Angesichts des erwarteten Ausnahmezustands, der dann tatsächlich am 13. Dezember 1981 von der polnischen Regierung unter General Jaruzelski verhängt wird, sehen sie in diesem Sommer die letzte Möglichkeit, Polen zu verlassen. Zu groß sind die Bedenken zu bleiben.

In unseren Koffern befinden sich nur Kleidungsstücke, die für eine Reise in die Sonne notwendig sind: luftige Kleider und Sandalen, ein paar Bücher und Kosmetikartikel. Unser Proviant besteht nur aus polnischen Lebensmitteln. Nichts soll auf Deutschland hinweisen. Die für die Anerkennung der deutschen Staatsangehörigkeit erforderlichen Dokumente soll uns später meinen Halbbruder aushändigen. Ob das gelingt, wird sich erst nach der Ankunft herausstellen.

Weil wir uns bei Freunden und Bekannten nur in den Urlaub verabschiedet haben, steht natürlich niemand an diesem Tag auf dem Bahnsteig, um zu winken. Nur wenige hat meine Mutter eingeweiht. Da ich mich von meinen Freundinnen nicht offen und ehrlich verabschieden konnte, bin ich sehr traurig.

Zwei Plätze sind für uns in einem Sechs-Personen-Abteil reserviert. Wir verbringen mit drei anderen Personen die Zugfahrt: einem älteren Ehepaar und einem jungen Mann, der bereits mehrmals Deutschland besucht hat. Nachdem wir die Plätze gefunden und das Gepäck verstaut haben, setzt sich der Zug langsam in Bewegung. Nun gibt es kein Zurück.

DDR-Grenzkontrollen

Ich bin mir nicht sicher, ob unser Vorhaben gelingt, denn die Kontrollen an der Grenze zur DDR haben den Ruf, sehr streng zu sein.

Auch die anderen Reisenden beschleicht ein ungutes Gefühl. Vieles wurde uns über die rauen Methoden der DDR-Grenzbeamten berichtet. Von durchgewühlten Koffern, Leibesvisitationen und der Verwehrung der Weiterfahrt. So ist es kein Wunder, dass wir ziemlich angespannt sind.

Während der Fahrt kommen Gespräche nur sehr schwer in Gang. Nur allgemeine Themen wie Urlaub und Familie werden angerissen. Misstrauen sind auch in diesem Zugabteil die vorherrschenden Gefühle. Lediglich der junge Mann versucht die Stimmung mit witzigen Geschichten ein wenig zu aufzulockern, was ihm hin und wieder gelingt. Er erzählt von seinen vergangenen Reisen nach Deutschland und vermittelt uns dadurch einen ersten kleinen realistischen Eindruck. Das mitreisende Ehepaar fährt, wie wir auch, das erste Mal nach Deutschland. Keiner von uns hat Hunger – der Reiseproviant wird langsam pappig.

Nach Stunden tauchen vor dem Fenster die furchteinflößenden Grenzanlagen auf. Mein Magen zieht sich zusammen. Mein sonst so guter Appetit ist verschwunden.

Langsam fährt der Zug in den Grenzbahnhof ein. Die nächsten Minuten werden entscheiden. Ich versuche mich mit schönen Gedanken abzulenken. Meine Mutter wird, entgegen ihrer Natur, sehr ruhig und spricht nur wenig. Nur der junge Mann scheint nicht aufgeregt zu sein. Auf ihn richte ich meine ganze Aufmerksamkeit.

Schwere Schritte auf dem Gang kündigen Männer an, die sich laut in einer fremden Sprache unterhalten. Wir sitzen in einem Abteil am Ende des Zuges, das wohl als letztes kontrolliert wird. Meine Mutter kennt durch die Besuche bei ihrem Vater ein paar deutsche Wörter. Aber die helfen uns auch nicht weiter. Die Hoffnung schwindet, etwas von den Gesprächen zwischen den Grenzbeamten und den Reisenden der anderen Abteile aufzuschnappen, um besser auf die Kontrolle vorbereitet zu sein.

Wir sehen, wie die Grenzer einen Reisenden aus dem Zug hinausbegleiten. Er trägt einen Koffer und wirkt unendlich traurig. Für ihn scheint die Reise hier zu Ende zu sein. Das Vorkommnis versetzt meine Mutter und das Ehepaar noch mehr in Sorge.

Als wir nach qualvollen Minuten endlich an der Reihe sind, setzt meine Mutter ihr charmantestes Lächeln auf und öffnet sofort unsere

Koffer. Sie werden von den Beamten zügig durchsucht. Sie finden nichts Verdächtiges. Kurz vor dem Eintreffen der Kontrolleure hat sich der junge Mann eine Mahlzeit gegönnt: gekochte Eier. Deshalb ist die Luft im Abteil von diesem Geruch durchsetzt. Vielleicht dauert die Kontrolle deshalb nicht so lange wie befürchtet.

Entspannte Weiterfahrt

Nachdem wir alles überstanden haben, atmen wir auf. Die Gefahr ist vorüber. Die nächste Kontrolle erwartete uns erst wieder an der Grenze zwischen der DDR und der BRD. Diese, so hat man uns versichert, sei nichts im Vergleich zu der Überstandenen. Wir sollten uns auf keinen Fall Sorgen darum machen.

Erleichterung scheint auch in den anderen Abteilen breit zu machen, als sich der Zug wieder langsam in Bewegung setzt. Alle Anspannung fällt ab, dafür stellt sich der Hunger ein. Wir packen unseren Proviant aus und verspeisen mit viel Appetit die nicht mehr ganz so frischen Sachen.

Die Atmosphäre im Abteil hat sich verändert. Es wird nun gescherzt und gelacht. Wir haben auch wieder Farbe im Gesicht. Endlich kann ich mich auf mein Buch, das ich eigens für diese Zugfahrt gekauft habe, konzentrieren. Ich bin ich zwar müde, doch rückt unser neues Leben immer näher. Vorfreude stellt sich ein.

Die nächste Grenzkontrolle ist tatsächlich wenig furchteinflößend. Im Gegenteil, die Beamten scheinen von einem anderen Planeten zu kommen. Höflich und nett bitten sie uns, ihnen die Reise- und Ausweisdokumente zu zeigen. Nach ein paar Minuten ist das erledigt.

Nun sind es nur noch wenige Stunden bis zum Zielbahnhof Hamm in Nordrhein-Westfalen. Dort wird uns mein Halbbruder erwarten.

Kapitel 4: Die Ersten Jahre in Deutschland

Nachdem wir die Grenze zur BRD passiert haben, bleibe ich am Zugfenster kleben. Übermüdet und bis in die Haarspitzen aufgeregt, sehe ich ein Land, das vielleicht mein neues Zuhause wird. Zunächst fallen mir die modernen Bahnhöfe, an denen unser Zug hält, und die schönen Häuser auf. Genauso wie meine Mutter habe ich keine Vorstellung, was uns erwartet. Als sich der Zug dem Bahnhof Hamm nähert, fühle ich mich wie in einem Film. Es ist für mich noch nicht real, dass wir in einem neuen Land aussteigen und vielleicht für immer dort leben.

Mein Halbbruder steht tatsächlich wie verabredet am Bahnsteig. Durch die große Wiedersehensfreude von Mutter und Sohn gerate ich in den nächsten Stunden etwas aus ihrem Blickfeld und kann mich unbeobachtet den neuen Eindrücken widmen.

Vor 30 Jahren besuchte meine Mutter ihren Vater mehrfach in Deutschland. Daher hat sie eine kleine Vorstellung von diesem Land, die allerdings schon lange zurücklag. Das wenige Aktuelle erfuhr sie durch die Briefe meines Halbbruders. Deshalb ist eigentlich alles Neuland für uns.

Was ich bei der Ankunft in Deutschland nicht weiß, ist, dass ich die nächsten vier Jahre wie unter einer Käseglocke leben werde.

Erste Tage

Unser Weg führt uns in die Wohnung meines Halbbruders nach Unna. Er hat sich inzwischen ein gebrauchtes Auto gekauft und holt uns damit in Hamm ab. Da ich während der Zugfahrt nicht geschlafen habe, bin ich ziemlich müde und von der Anspannung der letzten Stunden ziemlich erschöpft.

Während unserer Fahrt nehme ich viele schön dekorierte Geschäfte und Menschen wahr, die scheinbar gleichgültig und eilig daran vorbeigehen. Ich versuche die Namen der Geschäfte und die Sätze, die ich auf den Plakatwänden sehe, zu lesen.

Nach kurzer Zeit, die mir allerdings viel länger erscheint, kommen wir in der 3,5-Zimmer-Wohnung meines Halbbruders an. Wer die Wohnsituation in Polen kennt, wird meine große Verwunderung verstehen. Ich habe noch nie eine Einbauküche gesehen und die Größe der Wohnung lässt mich staunen. Sein Bewohner erklärt uns Neulingen, dass diese Größe und Ausstattung in Deutschland normal ist. Das „Luxusleben" ist für mich allerdings schnell vorbei, als ich auf einem nicht sehr stabilen Klappbett meine erste Nacht in Deutschland verbringe.

Der intensive Duft von Kaffee und Rührei weckt mich aus wirren Träumen. Nach einem ausgiebigen Frühstück fährt uns mein Halbbruder in die Innenstadt von Unna, damit wir einen ersten Eindruck bekommen und etwas von der anstrengenden Zugfahrt entspannen können.

Mein erster Eindruck bestätigt sich: Es ist alles bunter, als ich bis dahin kannte. Die Menschen machen einen fröhlichen und entspannten Eindruck, nur verstehen kann ich sie nicht. Die Vielfalt der Auslagen in den Geschäften erschlägt mich. In unserem Supermarkt in Polen hatte ich zuletzt die Auswahl zwischen Essig und Plastikeimern in verschiedenen Größen, die großzügig in den Regalen verteilt waren. Immer hatte ich das Gefühl, zu spät zu kommen, wenn es irgendetwas Leckeres zu kaufen gab. Meine Strategie, die aus einer schnellen Mund-zu-Mund Propaganda bestand, führte mich nur selten zum Erfolg. Hier dagegen scheint eine solche Strategie nicht erforderlich zu sein. Alles ist im Übermaß vorhanden und kann jederzeit beschafft werden, ohne dass man dafür stundenlang vor dem Supermarkt anstehen muss.

An diesem Tag schauen wir uns nur die Auslagen an, ohne etwas zu kaufen. Unser Startgeld hält meine Mutter eisern zusammen. Schließlich wissen wir beide nicht, wie lange wir davon leben müssen. So mache ich meinen Gedanken eine kleine Liste mit Dingen, die ich mir zu einem späteren Zeitpunkt wünschen werde. Unser Reisegepäck besteht nur aus Anziehsachen für den Sommer. Deshalb habe ich die berechtigte Hoffnung, mir bald etwas Schönes zum Anziehen für den Herbst und Winter aussuchen zu dürfen. Dass dies nicht in einem normalen Geschäft sein würde, ahne ich zum Glück noch nicht.

Grenzdurchgangslager Friedland

Zwei spannende Tage verbringen wir in Unna, bevor wir mit dem Zug in das Grenzdurchgangslager Friedland in Niedersachsen fahren, um dort die deutsche Staatsangehörigkeit zu beweisen. Vorgesehen ist ein Aufenthalt von einer bis maximal zwei Wochen.

In diesem Jahr wurden dort laut Statistik 50 267 Personen als Spätaussiedler, rückgeführte Deutsche sowie Personen, die im Rahmen der „Operation Link" nach Deutschland eingereist sind, registriert. Von Friedland aus wurden sie nach dem Verteilverfahren des Bundesverwaltungsamtes auf die einzelnen Bundesländer verteilt, wo sie ihren ersten Wohnsitz nehmen. Im Rahmen der Familienzusammenführung begann im März 1950 unter dem Namen „Operation Link" die Ausreise von Deutschen aus Polen.

Die Aufnahmekapazität des Grenzdurchgangslagers beträgt ca. 820 Plätze. Die dort ankommenden Personen werden in zwölf Unterkunftshäusern mit Zwei- bis Sechsbettzimmern untergebracht. In jedem Unterkunftshaus befindet sich eine kleine Küche, die Mahlzeiten werden jedoch in der großen Kantine eingenommen. In einigen Häusern gibt es Spielzimmer für die Kinder und einen Fernsehraum für die Erwachsenen.

Auf einem Laufzettel, den man am ersten Tag bekommt, sind die notwendigen Behördengänge verzeichnet. Damit die Zeit dazwischen den Kindern nicht so lang wird, befinden sich auf dem Gelände mehrere Spielplätze, ein Fußballplatz, einige Tischtennisplatten und ein Beachvolleyballfeld. Zusätzlich gibt es Betreuungsangebote der Kirchen und Wohlfahrtsverbände für Kinder, Jugendliche und Frauen.

In der Kleiderkammer kann man neue und gebrauchte Kleidung erhalten. Sie wird größtenteils durch den gemeinnützigen Verein Friedlandhilfe e. V. finanziert. Im Krankheitsfall kann eine rund um die Uhr besetzte Krankenstation, die von den Maltesern geführt wird, aufgesucht werden. Arztsprechstunden sind Montag bis Freitag.

Friedland ist für mich eine kleine, überschaubare Stadt. Am ersten Tag beziehen wir ein Sechsbettzimmer. Viel Kontakt zu den anderen Mitbewohnern haben wir nicht. Jeder absolviert, so schnell es geht, sein Behördenpensum. Auch meine Mutter erhält einen Laufzettel. Sie erledigt die Behördengänge meist ohne mich. Wenn ich dabei bin, sehe ich in den Gängen sehr viele Menschen, die darauf warten, dass ihr Name aufgerufen wird. Die einen kommen erleichtert aus dem Amtszimmer heraus und machen sich freudig auf den Weg ins nächste. Die anderen hatten wohl weniger Glück, sie sind niedergeschlagen oder diskutieren ihr Anliegen ärgerlich mit anderen Betroffenen.

In diesem Sommer sind viele Menschen, mal einzeln, mal als komplette Familie, ins Grenzdurchgangslager Friedland gekommen. Die einen sind erleichtert, endlich in Deutschland angekommen zu sein, und vertrauen darauf, dass die mitgebrachten Dokumente ihnen erlauben, in Deutschland zu bleiben. Die anderen machen einen unsicheren Eindruck. Hier werden Pläne verwirklicht oder zunichte gemacht – in Friedland entscheiden sich Schicksale. Die meisten Menschen haben die Sommerferien für ihre Ausreise gewählt. Denn sollten sich die Hoffnungen zerschlagen, können sie, ohne Nachteile zu befürchten, in ihr bisheriges Leben zurückkehren.

Meine Mutter hat alle erforderlichen Dokumente, die unsere deutsche Staatsangehörigkeit beweisen sollen, dabei. Sie sind bereits vorab bei meinem Bruder eingetroffen. Daher entspannt meine Mutter sich mit jedem erfolgreich bewältigten Behördengang mehr. Vorfreude macht sich breit.

Zu den festgelegten Essenszeiten bilden sich vor der großen Kantine lange Schlangen – das kenne ich aus Polen. Hier esse ich zum ersten Mal Lebensmittel, die ich, wenn überhaupt, nur aus Büchern kenne.

Während meiner Mutter die Behördengänge erledigt, erkunde ich allein die kleine Stadt. Begleitung habe ich nicht, denn Anschuss zu finden, ist nicht einfach. Jeder ist mit seinen eigenen Angelegenheiten beschäftigt. Ich freue mich schon darauf, in die Ausgabestelle des Roten Kreuzes zu gehen, um Anziehsachen auszusuchen. Nach Jahren der Entbehrungen fühle ich mich dort wie im Paradies. Manches ist neu, anderes sehr gut erhalten – man merkt nicht, dass die Kleidung bereits von einer anderen Person getragen wurde.

Ich suche mir neben einigen Sommersachen auch Kleidung für den kommenden Herbst und Winter aus. Das erinnert mich an meinen ersten Tag in Deutschland, als wir in Unna die Auslagen in den Geschäften bewundert haben und ich in meinem Kopf meine kleine Einkaufsliste machte. In der Kleiderkammer gibt es zwar nicht die Sachen, die ich in der Innenstadt gesehen habe, aber sie gefallen mir trotzdem sehr gut und sie sind viel besser und schöner als alles, was ich bisher besessen habe. Direkt am nächsten Tag werden die neuen Sommersachen ausgeführt.

Auf dem Gelände steht ein kleiner, aber sehr gut sortierter Kiosk. Dort gibt es Eissorten, die ganz anders schmecken, als ich es gewohnt bin. In den letzten zwei Jahren in Polen hatten die Eisdielen einen Eisersatz kreiert. Es handelte sich um Eiscreme, die nicht richtig kalt war. „Echtes" Eis habe ich schon länger nicht mehr genießen können.

Außerhalb des Geländes soll ich in einem kleinen Lebensmittelladen Bohnenkaffee für meine Mutter kaufen. Erstmal bin ich vollkommen verwirrt. Ich verstehe nicht, was auf den Etiketten steht und jemanden fragen macht natürlich auch keinen Sinn. Als 11-Jährige habe ich von Kaffeesorten keinen blassen Schimmer. Am meisten spricht mich das Bild auf der Caro-Kaffee-Packung an, also kaufe ich meiner Mutter diese sehr magenfreundliche Sorte. Da wir keine Kaffeemaschine haben, ist dieser Einkauf, von praktischer Seite betrachtet, ideal – nur eben kein Bohnenkaffee.

Nach zwei für meine Mutter anstrengenden Wochen steht die Entscheidung der deutschen Behörden fest: Wir dürfen in Deutschland bleiben.

Ich fühle mich wie im Urlaub. Deshalb habe ich auch keine Pläne für die Zukunft gemacht, um nicht enttäuscht zu werden, falls wir umplanen müssen. Nun schwanke ich zwischen einem übermächtigen Glücksgefühl und diffuser Angst. Was erwartet mich wohl hinter dem sicheren Gelände von Friedland?

Eine Änderung in meinem Leben kommt für mich sehr überraschend. Plötzlich heiße ich nicht mehr Malgorzata, sondern Margarete. In Friedland wurde mein Vorname einfach ins Deutsche übersetzt. Ich habe nun eine neue Identität.

Landesstelle Unna-Massen

D ie dritte Zugfahrt in kurzer Zeit führt uns von Friedland in die Landesstelle Unna-Massen. Dort sollen wir die nächsten 14 Tage verbringen und die noch ausstehenden Formalitäten erledigen. Sehr wichtig ist für meine Mutter die Anerkennung von beruflichen Nachweisen und Zeugnissen. Da sie in Polen durchgehend berufstätig war, kann sie einen Antrag auf Arbeitslosengeld stellen: Geld, das unser finanzielles Auskommen für die erste Zeit sichert.

In Unna-Massen erfolgt auch die Beratung über den zukünftigen Wohnort. Wir wollen, weil mein Halbbruder in Unna wohnt, auch dorthin. Wie bereits in Friedland erledigt meine Mutter die Behördengänge ohne mich. Ich nutze die Zeit, mir das Lagergelände näher anzusehen. Das Wetter spielt mir mit sonnigen, warmen Tagen in die Karten. Die

Landesstelle besteht zu diesem Zeitpunkt aus 153 ein- und zweigeschossigen Häusern, die 412 Wohneinheiten mit max. 4300 Unterbringungsplätzen bieten. Das Gelände zu erkunden, dauert Tage. Ich bin nicht die Einzige, die neugierig durch die Straßen schlendert. Auch die anderen Kinder in meinem Alter verbringen so ihre Zeit.

Da Sommerferien sind, findet für mich leider kein Unterricht in der Gerhard-Hauptmann-Schule statt. Dort werden die schulpflichtigen Kinder in der Regel direkt am zweiten Tag nach ihrer Ankunft angemeldet. Sie sollen auf den für sie ungewohnten Schulbesuch in Deutschland vorbereitet werden. Das ist auch nötig, da der Unterricht ganz anders abläuft wie in Polen. Die deutsche Sprache wird in den 14 Tagen nicht vermittelt, was aber auch nicht das primäre Ziel ist. Ich bin froh, etwas Zeit für mich zu haben, um in diesem Land anzukommen und meine Gedanken zu sortieren.

Unsere Unterkunft ist, wie in Friedland, zweckmäßig eingerichtet. Alles was wir für die nächsten zwei Wochen brauchen, erhalten wir vom Hausverwalter. Dazu gehören Ess- und Kochgeschirr sowie Bettwäsche. Diese Dinge müssen wir am Ende unseres Aufenthalts wieder abgeben. In unserem Zimmer stehen zwei Betten, ein Tisch und zwei Stühle für uns bereit.

Als Selbstversorger, die Gemeinschaftsverpflegung wurde 1957 eingestellt, können wir in der Gemeinschaftsküche unsere Mahlzeiten zubereiten. Davon machen wir allerdings nur wenig Gebrauch. Denn in unmittelbarer Nähe gibt es einen Metzger, der polnische Gerichte anbietet, ohne dass wir lange dafür anzustehen müssen. Wir essen oft hier. Den Lebensmittelladen auf dem Lagergelände besuche ich hin und wieder, meist ohne irgendetwas zu kaufen. Viele Lebensmittel kenne ich nicht und ich bin auch nicht sehr experimentierfreudig. Einem Nachtisch aus der Kühltheke kann ich allerdings nicht lange widerstehen: Ein leckerer Erdbeerpudding mit einer großen Sahnehaube wird, nach dem Caro-Kaffee in Friedland, mein zweiter eigener Einkauf.

Als Mädchen, das viele Freundinnen in Polen hatte, kommen mir die Tage in Unna-Massen ziemlich lang vor, trotz Erkundungen und viel Sahnepudding. Umso glücklicher bin ich, als die Abreise nach Unna ansteht. Endlich beginnt das Leben, das ich mir in den letzten Monaten erträumt habe.

Notwohnung in Unna - Königsborn

In Polen habe ich mit meinen Eltern in einer Dreizimmerwohnung gelebt, wir hatten viel Platz für uns. Seitdem wir in Deutschland sind, ist es viel enger. Das nehme ich als Notwendigkeit hin und hoffe auf bessere Zeiten.

Inzwischen sind wir fast fünf Wochen in Deutschland und ich ziehe mit meinem Koffer und den wenigen Habseligkeiten zum dritten Mal innerhalb kurzer Zeit um. Meine Hoffnung vor allem auf mehr Privatsphäre wird schneller zerschlagen, als mir lieb ist. In der Effertzstraße in Unna werden zusammen mit uns noch zwei andere Familien, die sich in der gleichen Situation befinden, untergebracht: in einer Notwohnung.

Die Wohnung hat drei Zimmer, eine kleine Küche und ein Badezimmer ohne Fenster. Für das nächste Jahr wird hier unser Zuhause sein. Jede Familie bekommt ein Zimmer. Wir haben Glück, denn wir sind nur zu zweit. Unser Zimmer hat ca. 15 qm. Dort stehen zwei Einzelbetten, ein kleiner Schrank, ein Schreibtisch und ein Stuhl. Zwei Schwestern mit einem kleinen Jungen von fünf Jahren und eine alleinerziehende Mutter mit ihrem neunjährigen Sohn bewohnen die anderen beiden Zimmer.

Da wir Küche und Badezimmer gemeinsam nutzen, muss ein Plan gemacht werden, damit wir uns nicht ständig in die Quere kommen. Für uns alle ist es eine große Herausforderung, das Zusammenleben einigermaßen harmonisch zu gestalten. In der Küche werden die Schrankfächer unter uns drei Familien aufgeteilt. Die Küche macht dennoch wenig Lust, länger darin zu verweilen. Es ist alles sehr praktisch, aber spartanisch eingerichtet.

Das Badezimmer müssen sich sieben Personen teilen. Ruhe werde ich dort für die nächste Zeit nicht mehr haben. Ständig steht jemand vor der Tür. Privatsphäre ist für jeden auf ein Minimum reduziert. Zwar bin ich sehr froh, nicht mehr aus dem Koffer zu leben, aber mit solchen Verhältnissen habe ich nicht gerechnet.

Unser Leben spielt sich zu 90 Prozent in unserem Zimmer ab. Hier wird gegessen, gelesen und auch ferngesehen. Da ich nur sehr wenige deutsche Wörter kenne, setze ich große Hoffnungen auf unseren neuen Fernseher. Stundenlang schaue ich mir Sendungen an, um die fremde Sprache so schnell wie möglich zu lernen.

Manchmal vermisse ich mein altes Leben, das mit Schule und Freundschaften ausgefüllt war. Die erzwungene Nähe in der Notwohnung behagt mir nicht. Ich bin ohne Geschwister aufgewachsen und daher so etwas nicht gewohnt.

Wenn wir in der nahen Umgebung spazieren gehen, schauen wir uns die schicken Einfamilienhäuser und Wohnblocks mit liebevoll gestalteten Balkonen an. Dort wirkt alles viel schöner und bunter als in unserem Zimmer. Vor fast allen Häusern stehen Autos. Das scheint normal zu sein. Meine Mutter hat in Polen keinen Führerschein gemacht und es sieht nicht danach aus, dass sich daran etwas ändern wird.

Mit den anderen Familien in der gemeinsamen Wohnung haben wir bis auf die Regelung der organisatorischen Dinge kaum Kontakt. Die Erwachsenen, auch meine Mutter, besuchen jeden Tag einen Sprachkurs, um in Deutschland schnell beruflich Fuß zu fassen.

Wie in Polen auch, bin ich von den Büchern, die man hier kaufen kann, fasziniert. Sie sind meiner Mutter jedoch zu teuer. Deshalb kann ich sie mir nur zu besonderen Gelegenheiten wünschen. Bis dahin behelfe ich mir mit den

Schulbüchern. Von meinem kleinen Taschengeld, das ich inzwischen regelmäßig bekomme, kaufe ich mir hin und wieder am Kiosk eines der bunten Magazine für Kinder.

Erste deutsche Schule

Nachdem wir uns einige Tage in der Notwohnung eingelebt haben, steht die nächste Herausforderung für mich an. Wie groß sie sein würde, ist mir nicht mal ansatzweise bewusst.

Mein Halbbruder hat sich mit seinen leider noch spärlichen Deutschkenntnissen nach einer Schule in Unna für mich erkundigt. Erste Wahl ist die Hauptschule, schließlich kann ich mich nicht verständigen – so wäre es für mich leichter. Wenige Tage nach unserem Einzug werde ich von meiner Mutter dort angemeldet.

Nun gehe ich, ein Streberkind, das mit sehr guten Zeugnissen aus Polen kam, in eine Hauptschule! Zu diesem Zeitpunkt kenne ich das deutsche Schulsystem noch nicht und mir ist nicht bewusst, was diese Wahl für mich und für meine berufliche Zukunft bedeutet.

In dem Schulgebäude ist auch ein Gymnasium untergebracht. Ein Korridor verbindet beide Schulen, trennt zwei Welten. An ersten Schultag kommt mir meine neue Schule sehr groß vor. Solche Dimensionen bin ich nicht gewohnt. Die große Unruhe in den Klassenzimmern und die Lautstärke in den Pausen irritieren mich. Bald finde ich heraus, dass es am Gymnasium wesentlich ruhiger zugeht. Ich beobachte die Schüler, wie sie sich miteinander unterhalten und dabei viel lachen. Dort fühle ich mich wohl. Das gilt für meine Schule leider nicht. Als ich merke, was es heißt, in eine Hauptschule zu gehen, einer Schulform, die nicht besonders angesehen ist, setzt mir das noch zusätzlich zu. Ich fühle mich, als wäre ich in einem falschen Leben gelandet.

In meiner Vorstellung kam so eine Schule, die ich nun jeden Tag erlebe und die sich so stark von meiner Schule in Polen unterscheidet, gar nicht vor. Ich gehe nicht gern dorthin. Am meisten mache ich mir Sorgen, dass mir nach dem Abschluss beruflich nicht alle Türen offenstehen würden.

Mit einer Mischung aus Erstaunen und Entsetzen beobachte ich das Geschehen um mich herum. Ich werde von Mitschülern zwar angesprochen, kann ihnen allerdings nicht richtig antworten. Was die Lehrer sagen, verstehe ich ebenfalls nicht. Sie bemühen sich sehr, mich und die anderen ausländischen Schüler in die Klasse zu integrieren. Für beide Seiten ist das eine große Herausforderung. Manchmal sitze ich überfordert auf meinem Platz im Klassenraum und wünsche mich zurück in unser Zimmer in der Notwohnung, manchmal aber auch zurück in mein altes Leben.

Doch ändert sich alles mit rasender Geschwindigkeit. Jeder Tag beschert mir neue Eindrücke, die mich in vielerlei Hinsicht sprachlos machen. Zum einem fehlt mir ein richtiger Austauschpartner, zum anderen kann ich vieles selbst kaum einordnen.

Erneut trage ich gebrauchte Kleidung. In Polen besaß ich zwar nicht viele Kleidungsstücke, aber sie waren neu. Das gleiche galt auch für meine Freundinnen. Ich hatte wie sie zwei Garnituren Schulkleidung. Was man darunter anzog, schaute höchstens als Rock oder Hose hervor. Jetzt in Deutschland, mit den wenigen Sachen aus Polen und aus der Kleiderkammer des Roten Kreuzes in Friedland und in Unna, war es anders: Schulkleidung ist hier kein Thema. Dafür spielt die eigene Kleidung, insbesondere „Markenklamotten", eine große Rolle. Ich kenne zum größten Teil die in Deutschland beliebten Marken nicht. Da ich kaum Deutsch verstehe, lebe ich auch in dieser Hinsicht wie unter einer Käseglocke. Unser Geld ist knapp. Die Versuchung, die von den vollen Läden um mich herum ausgeht, lässt mich eher kalt. Ich habe genug andere Sorgen als neue Sportschuhe von XY.

Als Aussiedlerkind erhalte ich in den ersten drei Jahren, anstatt des Englischunterrichts, in einer Gruppe mit anderen ausländischen Kindern, Deutschunterricht. Die Grundlagen der englischen Sprache sollte ich nie wieder aufholen. Als ich nach drei Jahren am regulären Englischunterricht teilnehmen darf, ist es für mich fast unmöglich, dem Stand der 9. Klasse zu folgen. So bleibt mir nichts anderes übrig, als mühsam zu Hause zu üben. Für eine bessere Note als eine 4 hat es nicht mehr gereicht. Die guten Noten aus Polen gehören bereits seit drei Jahren der Vergangenheit an. Englisch ist leider nicht das einzige Unterrichtsfach, das in diesen Jahren an mir mehr oder weniger vorbeigeht.

Dennoch verstehe die deutsche Sprache immer besser, aber es dauert fast vier Jahre, bis ich dem Unterricht vollständig folgen kann. Zu Hause muss ich selbstständig viele Inhalte nachholen. Meine Mutter kennt den Unterrichtsstoff nicht und spricht selbst viel zu wenig Deutsch, um mir eine Hilfe zu sein. Und Nachhilfestunden können wir uns nicht leisten.

Zwei Umzüge

Nach einem Jahr in der Notwohnung findet meine Mutter für uns eine schöne Wohnung in der Eichenstraße in Unna. Mit dem Bus fahre ich jeden Tag die weite Strecke zur Schule und wieder nach Hause in die Gartenvorstadt. Darunter leiden auch meine neuen Freundschaften. Diese wohnen mit ihren Familien in Unna-Königsborn. Spontane Treffen sind nur selten möglich.

Inzwischen habe ich durch meine Mitschüler erfahren, dass sie jeweils ein eigenes Zimmer in der Wohnung haben und sie dieses nach eigenen Vorstellungen einrichten können. In den Möbelhäusern, die wir besuchen, sehe ich spezielle Möbel für Kinder- und Jugendzimmer. Das meiste übersteigt leider aber unser Budget. Auch der Gedanke, dass es nach meinen Vorstellungen eingerichtet wird, zerschlägt sich bald. Meine Mutter teilt diese für sie neue Vorstellung nicht. So wird mein Zimmer passend zu den anderen zwei Räumen eingerichtet. Trotzdem bin ich sehr froh, endlich mehr Privatsphäre zu haben und mich nicht mehr ständig nach anderen richten zu müssen.

In dem Stadtteil Gartenvorstadt, wo wir jetzt wohnen, wird mir schnell bewusst, dass hier viele Menschen aus Polen ein neues Zuhause gefunden haben. Durch die täglichen Busfahrten zur Schule wird mir das deutlich vor Augen geführt. Im Bus wird häufig leise polnisch gesprochen. Die polnischen Einwanderer versuchen es weitgehend zu vermeiden in der Öffentlichkeit in ihrer Muttersprache öffentlich zu sprechen. Viele versuchen so schnell es ihnen möglich ist, die deutsche Sprache zu erlernen.

Umzug in die Postdamer Str.

Nachdem meine Mutter nach längerer Zeit eine Arbeitsstelle in der Verwaltung der Landesstelle in Unna-Massen bekommen hat, steht für uns ein Umzug in den Stadtteil Königsborn in die Potsdamer Straße 6 an. Sie hat nach wie vor keinen Führerschein und muss deshalb mit der S-Bahn ab Unna-Königsborn zu ihrer Arbeitsstelle fahren. Für mich bedeutet dieser Umzug, dass ich – wie in Polen – auch in wenigen Minuten meine Schule erreichen kann. Das kommt auch meinen Freundschaften zugute.

Wir beziehen eine große Wohnung in der obersten Etage. Das Wort Ghetto ist mir bisher nicht bekannt. In diesem großen Wohnblock wohnen sehr viele Familien. Von Beginn an haben wir einen sehr guten und regelmäßigen Kontakt zu einer polnischen Familie mit vier Kindern. Der Mann ist als Hausmeister für diesen Wohnblock zuständig. Er nimmt seine Aufgabe sehr ernst, und ist immer zur Stelle, wenn wir, meist handwerkliche Hilfe, brauchen. Mit seinem Sohn, der zwei Jahre jünger ist als ich, Freunde ich mich an. Das, neben meinen inzwischen guten Deutschkenntnissen, trägt dazu bei, dass ich mich in Deutschland immer wohler fühle.

Inzwischen kann ich mich auch besser mit anderen unterhalten. In mancher Situation wünsche ich mir jedoch, dass ich mich in dem den ahnungslosen Zustand von damals befinden würde, als ich noch nicht alles verstand, was man zu mir sagte.

Zu meinem Vornamen Margarete habe ich einen zusätzlichen Namen bekommen: Polacke. Wie ich bald herausfinde, ist es kein nettes Wort. Vielmehr wird mir dieser neue Name mit dem Hinweis entgegengeschleudert, wieder in das Land zurück zu gehen, aus dem ich gekommen bin. Das ich diesen Wunsch früher selbst mal hatte, konnte diese Person natürlich nicht wissen. Diesen Wunsch habe ich jedoch schon länger nicht mehr verspürt.

Stadtbücherei Unna

Durch einen glücklichen Zufall entdecke ich die städtische Bibliothek in Unna. Hier kann ich mir so viele Bücher, wie ich nur lesen kann, ausleihen, was ich auch regelmäßig mache. Mir diese selbst zu kaufen, würde mein Taschengeldbudget weit übersteigen. In der Bücherei verbringe ich viele Stunden. Ich genieße diese ruhige Atmosphäre dort.

In der 10. Klasse steht für mich fest, dass ich weiterhin zur Schule gehen würde. Meine Wahl fällt auf die Handelsschule in Unna, was sich im Nachhinein als eine goldrichtige Entscheidung erweisen wird. Ich verlasse die Hauptschule nach der 10. Klasse mit einigermaßen guten Schulnoten und freue mich auf meine neue Schule.

Kapitel 5: Sprache und Beruf – Wunsch und Wirklichkeit

Bald nach meinem Wechsel in die Hauptschule erhält meine Mutter einen Platz in einem Sprachkurs. Viele Monate fährt sie jeden Tag nach Dortmund in eine Sprachschule und lernt gemeinsam mit vielen anderen in einer Klasse hoch motiviert die deutsche Sprache. Persönlichen Kontakt pflegt sie nur zu wenigen Mitschülern. Im Alltag fällt es ihr noch schwer, sich zu verständigen. Sie hat Bedenken, sich falsch auszudrücken und sich damit lächerlich zu machen.

Zu Hause in der Notwohnung verändert sich allmählich unser Kommunikationsstil.

Wir verwenden immer mehr deutsche zu den polnischen Wörtern. Auf Außenstehende muss dies merkwürdig wirken, aber für uns ist es der neue Alltag. Bei der Einreise nach Deutschland habe ich gedacht, dass meine Mutter sich besser auf Deutsch verständigen kann, als ich es jetzt erlebe. Mit der Zeit zeigt ihr intensiver Sprachkurs allerdings positive Wirkungen.

Beruflicher Abstieg

In den 1980er-Jahren sind die Aussichten, in Deutschland eine Arbeit zu finden, vergleichsweise gut. Leider werden nicht von allen polnischen Einwanderern die erlernten Berufe anerkannt, entweder weil Dokumente fehlen oder der Beruf in Deutschland nicht in dieser Art und Weise ausgeübt werden kann. In manchen Fällen stellen nicht ausreichende Deutschkenntnisse eine unüberwindliche Hürde dar. Daher findet sich mancher sehr gut ausgebildete oder studierte Mensch aus Polen in einem Beruf wieder, der gar nicht zu dessen Vorstellungen passen will. Schnelles Erlernen der deutschen Sprache im Erwachsenenalter fällt vielen ohne tägliche Sprachpraxis schwer.

Meine Mutter arbeitet während der ersten Jahre in Deutschland in einigen Privathaushalten als Putzfrau. Sie versucht, dieser Tätigkeit weitgehend unbemerkt nachzugehen.

Sie kleidet sich bewusst sehr schick, wenn sie zur Arbeit geht. Es soll nach einem Spaziergang oder einem netten Stadtbummel aussehen. Dieses „Problem" wird nur selten untereinander thematisiert. Zu groß sind Scham und Enttäuschung über den beruflichen Abstieg. Dies gilt auch für Gespräche mit der Verwandtschaft in Polen: Einige präsentieren ihr neues Leben in buntesten Farben. Bei Besuchen in wird mit einem vollgepackten Auto vorgefahren und erzählt, wie gut es einem doch geht.

Tatsächlich sind die Lebensumstände für sehr viele wesentlich besser als in Polen. Dennoch hadern manche mit dem Verlust des oftmals prestigeträchtigen Berufes. Im Lauf der Jahre und mit dem Erlernen der deutschen Sprache ändert sich das glücklicherweise: Einige unserer Bekannten können wieder in dem erlernten bzw. früher ausgeübten Beruf arbeiten oder erhalten durch eine Umschulung einen interessanten Arbeitsplatz.

Neue Chance in der Landesstelle

Nach Jahren der Arbeitslosigkeit und diverser Putzstellen bekommt meine Mutter überraschenderweise eine Arbeitsstelle in der Verwaltung in der Landesstelle Unna-Massen. Nach mehrmonatiger Einarbeitung kümmert sie sich um die dort ankommenden Menschen und verteilt sie nach den gesetzlichen Vorgaben auf die Städte und Landkreise. Die Arbeit macht ihr sichtlich Freude. Sie knüpft viele soziale Kontakte und trifft auch Leute wieder, die sie aus Polen kennt. So erfahren wir manchmal Neuigkeiten aus unserer alten Heimat. Die Stelle bei der Landesstelle wird meine Mutter bis zum Rentenbeginn behalten. Sie ist endlich in Deutschland angekommen.

Kurz vor ihrem Arbeitsbeginn sind wir in Unna-Königsborn in eine neue Wohnung gezogen. Diese befindet sich in der Nähe der S-Bahn, die auch in Massen hält. Gern besuche

ich meine Mutter an ihrer Arbeitsstelle –
wie damals in Polen. Dann essen wir eine
Kleinigkeit im dortigen Metzger-Imbiss, der
auch polnische Gerichte verkauft.

Ferienjob

Die Arbeit meiner Mutter in der Landesstelle hat auch für mich handfeste Vorteile. Denn die Kinder der Mitarbeiter können sich dort für einen Ferienjob bewerben. Das finde ich großartig. Die Landesstelle ist für mich wie eine kleine quirlige Stadt mit vielen sympathischen Mitarbeitern. Einige Arbeitsbereiche habe ich während meiner Kurzbesuche bereits kennenlernen können.

Nach einer erfolgreichen Bewerbung darf ich zum ersten Mal dort in den Ferien arbeiten. Die Tätigkeiten sind vielfältig, ob Botengänge oder auch das Ablegen von Akten, und machen mir viel Freude. Im Laufe der nächsten Jahre werde ich in den Schulferien noch dreimal dort jobben. Die Bewerbung dafür, die im Frühjahr verschickt werden muss, steht immer ganz oben auf meiner Liste. In der Mittagspause esse ich mit meiner Mutter abwechselnd in der hauseigenen Kantine oder beim Metzger. Das in der Landesstelle verdiente Geld spare ich eisern, sodass ich damit meinen Führerschein bezahlen kann und sogar etwas Geld für die Anzahlung auf ein eigenes Auto übrig habe.

Handelsschule

Um bessere Chancen auf eine Ausbildung meiner Wahl zu haben, melde ich mich in Unna in der Handelsschule an. Hier fühle ich mich zum ersten Mal auf dem richtigen Weg. Die Atmosphäre ist gut, die Lehrer machen einen interessanten und gleichzeitig anspruchsvollen Unterricht, sodass für mich Hoffnung auf eine Zukunft in meinem Wunschberuf aufkeimt. Nach zwei Jahren und einem erfolgreichen Abschluss habe ich die Fachoberschulreife und melde mich für die Höhere Handelsschule an.

Dort zeigen sich schnell meine schulischen Defizite in der englischen Sprache. Trotz vieler Bemühungen und teurer Nachhilfestunden kann ich beim geforderten Unterrichtsstoff nicht mithalten. Diese Fremdsprache und die fehlenden Mathematik-Kenntnisse aus der Hauptschule machen mir einen Strich durch die Rechnung. Trotz sehr guter Noten in anderen Fächern bin ich gezwungen, die Höhere Handelsschule nach dem ersten Jahr zu verlassen.

Kapitel 6: Ausbildung und Erste Berufsjahre

Nach dem einjährigen Besuch der Höheren Handelsschule bekomme ich einen Ausbildungsplatz als Hotelfachfrau im Rombergparkhotel in Dortmund. Ich hätte lieber eine Ausbildung zur Hotelkauffrau gemacht, aber diese Ausbildungsstelle war dort bereits vergeben. Mein Wunsch ist es, später an der Rezeption eines großen Hotels zu arbeiten. Dass dies kein unrealistischer Wunsch ist, wird mir auch seitens der Hotelleitung vermittelt.

Vergeblicher Versuch im Hotelfach

Angesichts dieser Aussichten fange ich hochmotiviert an. Am ersten Tag holt mich die Hausdame des Hotels aber von Wolke 7 herunter: Sie teilt mir mit, dass die erste Ausbildungszeit in der Küche stattfinden wird. In der amerikanischen Fernsehserie „Hotel", die den Berufswunsch in mir auslöste und die ich trotz langer Arbeitszeit nach wie vor verfolge, kommen allerdings schreiende Köche und Teller in Badewannengröße nicht vor. Nach vier Monaten, in denen ich versuche, mir diese Ausbildung schön zu reden, einigen Gesprächen mit der Hausdame und einem unschönen Servierunfall bei einer großen Firmenfeier entschließe ich mich, diese Karriere zu beenden.

Aus der gemeinsamen Wohnung mit meiner Mutter in Unna-Königsborn bin ich ausgezogen und habe mir in ein eigenes Zuhause gesucht. Ich nehme zwei Arbeitsstellen an, um mich komplett selbst zu finanzieren. Eine davon führt mich auf die Nordseeinsel Juist. Dort arbeite ich in einem Luxushotel als Zimmermädchen und im Service. Das Hotelfach hat mich wieder.

Speditionskauffrau – Volltreffer!

Durch den Umzug fühle ich mich frei und sehr motiviert, mein Leben nach meinen eigenen Vorstellungen zu gestalten. Dazu gehört auf jeden Fall eine Ausbildungsstelle, die mir ein gutes finanzielles Auskommen und einen interessanten Arbeitsalltag bieten soll. Um dies so schnell wie möglich in die Tat umzusetzen, mache ich einen Termin bei der Berufsberatung des Arbeitsamtes. Ich interessiere mich für einen kaufmännischen Beruf. Der Ausbildungsberater schlägt mir eine Ausbildung zur Speditionskauffrau vor. Eine Spedition sucht wohl dringend einen Auszubildenden, nachdem der letzte seine Stelle nach vier Monaten überraschend aufgegeben hat.

Das macht mich zunächst etwas skeptisch. Schließlich habe ich selbst meine Ausbildungsstelle als Hotelfachfrau wegen Unzufriedenheit gekündigt. Es gibt jedoch aktuell nicht viele Alternativen, also entscheide ich mich, dort mein Glück zu versuchen.

Ein sehr sympathischer Speditionsleiter nimmt mich am ersten Tag in Empfang. Viel sehen kann ich von meiner neuen Arbeitsstelle nicht – es ist die Zeit der vollen Aschenbecher und geschlossenen Fenster. Als überzeugte Nichtraucherin ist dies der erste Test, den ich vor mir selbst und vor meinen Kollegen bestehen muss.

Nachdem ich mich ein wenig orientiert habe, lerne ich die anderen beiden Büros und das angrenzende Lager kennen. Die künftigen Kollegen scheinen mächtig im Stress zu sein, sodass sie mir zwischen ihren Telefonaten nur kurz zuwinken. Dann wird mir ein kleiner Schreibtisch mit einem Bürostuhl, der schon viel erlebt hat, zugewiesen, zum Glück am Fenster. Auf meinem Tisch liegen zwei dicke

Ordner meines Vorgängers. Sie werden mich die nächsten zwei Jahre begleiten.

Zwei Jahre nach dem Ende meiner Hotellaufbahn habe ich nun eine neue Ausbildungsstelle. Erfreulicherweise darf ich mich gleich selbstständig um die Lagerbestände ausgewählter Kunden kümmern. Das heißt, ich muss dafür sorgen, dass immer bestimmte Produkte vor Ort vorrätig sind, um sie nach Bestellung auszuliefern. Dabei handelt es sich um zwölf Sorten feine Marmelade, die direkt aus England kommt. Ich freue mich über das Vertrauen, das mir entgegengebracht wird, und auf meine Arbeit, die für einen blutigen Anfänger sehr anspruchsvoll ist, mir aber von Anfang an viel Freude macht. Auch die fehlenden Englischkenntnisse verlieren durch die tatkräftige Unterstützung des Speditionsleiters ihren Schrecken.

Mein Arbeitsplatz ist in unmittelbarer Nähe zu den Laderampen. Von Beginn an faszinieren mich die großen Lastkraftwagen. Die Geräusche der vorbeifahrenden LKW verankern sich positiv in meinem Gehirn. Ich habe die Möglichkeit, mich auf einen Verkehrsträger zu spezialisieren. Relativ schnell fällt meine Wahl auf den Straßengüterverkehr, idealerweise in Verbindung mit einem speziellen Themenbereich in dieser Sparte.

Um schneller zu meiner Ausbildungsstelle zu kommen, habe ich meine Wohnung mit einem Zimmer in der Innenstadt von Kamen getauscht. Neben meinem Ausbildungsgehalt erhalte ich einen kleinen BAföG-Betrag und darf mit der Zustimmung meines Arbeitgebers außerdem in der abendlichen Sendungserfassung eines Paketdienstleisters arbeiten.

Berufsschule

In der Berufsschule stelle ich erleichtert fest, dass ich nicht die Einzige über 20 bin. Sogleich fasse ich den Plan, meine Ausbildung zu verkürzen. Allerdings hat meine Berufsschulklasse einen Vorsprung von fünf Monaten. Den verpassten Stoff muss ich nun nachholen oder mir eigenständig aneignen. In einigen Fächern habe ich glücklicherweise Kenntnisse aus der Handelsschule mitge-bracht, etwa im Maschineschreiben – ich bin schnell und mache fast keine Fehler. Das kommt mir jetzt zugute. Auch Rechnungswe-sen habe ich auf der Handelsschule gelernt. So kann mich auf andere Fächer konzentrieren

In Verkehrsgeographie habe ich eine Lerng-emeinschaft mit einem Mitschüler vereinbart. Er braucht Nachhilfe in Rechnungswesen, ich in Verkehrsgeographie. Am Ende unserer, manchmal für uns beide mühsamen Zusammenarbeit haben wir jeweils die Note 2 auf dem Abschlusszeugnis.

Eine Herausforderung stellt für mich erneut der Englischunterricht dar. Trotz jahrelanger Bemühungen, diese Sprache halbwegs zu beherrschen, stoße ich immer wieder an Grenzen.

In meiner wenigen Freizeit lerne ich viel, denn die Zulassung zur vorzeitigen Prüfung ist an einen bestimmten Notendurchschnitt geknüpft. Die Unterrichtsfächer machen mir, bis auf wenige Ausnahmen, Spaß und interessieren mich auch inhaltlich.

Abschlussprüfung

Für die vorgezogene Abschlussprüfung muss ich mir den Stoff, der meinen Mitschülern im letzten halben Jahr vermittelt wird, selbst erarbeiten. Mein Ehrgeiz und die Motivation, in diesem Beruf auch zu arbeiten, machen mir jedoch diese Aufgabe nicht allzu schwer. Ich beende meine Ausbildung nach zweieinhalb Jahren mit guten Noten und freue mich auf meine erste Arbeitsstelle.

Bereits während der Prüfungsvorbereitung habe ich mich bei verschiedenen Arbeitgebern in der Region beworben. Eine Stelle interessiert mich ganz besonders: Ein Produktionsbetrieb mit einem sehr guten Ruf sucht einen Speditionskaufmann für den Versand.

Beharrlichkeit zahlt sich aus

Bei meinen ersten Bewerbungen sehe ich häufiger Stellenanzeigen, die sich explizit an Männer richten und zudem noch Berufserfahrung erfordern. Nun bin ich weder ein Mann, noch habe ich eine langjährige Berufserfahrung vorzuweisen. Punkten kann ich allerdings mit meiner Tätigkeit in der Lagerverwaltung im Ausbildungsbetrieb und dem Nebenjob bei einem Paketdienst. Ich lasse mich von der Stellenanzeige also nicht abschrecken und bewerbe mich. Mein Ausbildungsbetrieb, so interessant es dort auch ist, kommt für mich nicht in Frage. Ich möchte nicht für die nächsten Jahre der „Lehrling" sein.

Das Unternehmen lädt mich zum Vorstellungsgespräch ein, das der Firmeninhaber selbst führen soll. So wird es mir in dem Einladungsschreiben mitgeteilt.

Ohne Internet ist es für mich nicht einfach, aussagekräftige Informationen über das Unternehmen zu gewinnen, um damit glänzen zu können. Auch Nachfragen bei Freunden und Bekannten führen zu keinem Ergebnis. Am Tag des Vorstellungsgesprächs bin ich entsprechend aufgeregt. Mein Gegenüber, wie im Einladungsschreiben angekündigt, der Firmeninhaber, ist jedoch ein sehr netter und höflicher Mensch, der es mir nicht schwer macht. Am Ende verweist er aber auf andere Bewerber und auf den Umstand, dass ich weder ein Mann bin noch über Berufserfahrung verfüge, wie in der Stellenanzeige gefordert. So mache ich mir keine großen Hoffnungen. Ich werde jedoch überrascht.

Nach ein paar Wochen, ich habe mich inzwischen bei anderen Unternehmen beworben, werde ich zu einem zweiten Gespräch eingeladen. Zu diesem Zeitpunkt habe ich gerade die Abschlussprüfung hinter mir, aber noch keine Ergebnisse.

Auch das zweite Gespräch bringt nicht die erhoffte Wende. Immer noch hadern die Verantwortlichen mit meiner nicht vorhandenen Berufserfahrung und meinem Geschlecht. Aus diesem Grund schließe ich gedanklich mit diesem Arbeitgeber ab und schreibe weitere Bewerbungen.

Nach ein paar Tagen kommt Einladung Nr. 3. Neue Argumente für meine Einstellung liegen nicht auf dem Tisch. Dafür habe mit meiner Beharrlichkeit Eindruck gemacht hat. Man will mir deshalb eine Chance zu geben.

Als Frau im Versandbüro –
kein einfaches Unterfangen

Nun kann der Ernst des Berufslebens beginnen. Aufgeregt trete ich meine erste richtige Arbeitsstelle an. Bereits am ersten Tag erkenne ich den Grund, weshalb ein Mann als Mitarbeiter gewünscht wird: Mein direkter Vorgesetzter, ein Urgestein, das schon jahrzehntelang im Unternehmen tätig ist, hält mit seiner Meinung zu berufstätigen Frauen nicht lange hinter dem Berg.

Bisher habe ich keine negativen Erfahrungen in Bezug auf berufliche Gleichberechtigung machen müssen. Hier verhält es sich anders. Mein Vorgesetzter will partout keine Frau als Mitarbeiterin, die mit ihm für eine reibungslose Versandabwicklung sorgen soll. Das lässt er mich vom ersten Tag an deutlich spüren und anstatt mich einzuarbeiten, stellt er mir Neuling fortwährend Fallen.

Der zuständige Lagervorarbeiter ist aus dem gleichen Holz geschnitzt und entschließt sich, seinem Vorgesetzten zu folgen. Er ignoriert mich einfach. So wird mir tagtäglich vermittelt, dass hier kein Platz für (junge) Frauen ist. Eigentlich mit Selbstbewusstsein ausgerüstet, macht mir die Haltung dieser Männer zu schaffen.

Nach ein paar Wochen stellt sich guter Kontakt zu den anderen weiblichen Mitarbeitern ein, die bereits lange in der Verwaltung des Unternehmens beschäftigt sind. In den Frühstückspausen mache ich wohl einen eher unglücklichen Eindruck. Durch diese Kolleginnen erfährt die Geschäftsführung, wie unbefriedigend meine Einarbeitung im Versandbüro verläuft. Sie ordnet an, dass die bislang dort tätige Mitarbeiterin, die in eine andere Stelle der Firma gewechselt ist, nun meine Einarbeitung übernehmen soll. Dass mein Vorgänger eine Frau war, überrascht mich doch.

Für die Kollegin ist es schwer, sich und gleichzeitig mich einzuarbeiten. Auch habe ich den Eindruck, dass die Chemie zwischen ihr und meinen Vorgesetzten nicht stimmt und sie nur ungern diese Zusatzaufgabe übernimmt. So gestaltet sich alles wenig planbar und zielführend. Mir bleibt, wenn ich hier bestehen will, nichts anders übrig, als wieder einmal zu Hause nachzuarbeiten. Auch kommt für mich die Einarbeitung am Computer dazu – das PC-Zeitalter hat begonnen. In der Handelsschule wurden mir nur einige Basics vermittelt. In meiner Freizeit besuche ich daher Computerkurse, allerdings nur einmal pro Woche. Ich komme nur langsam voran. Ein Kollege, der sich für dieses Thema begeistert, ist mir in dieser Zeit eine sehr große und geduldige Hilfe.

Die große Hoffnung meines Vorgesetzten, das Problem – ich – wird sich spätestens nach dem Ablauf der Probezeit erledigt haben, erfüllt sich nicht.

Stattdessen stellen sich Routine und erste Erfolge ein. Die Einarbeitung durch meine Kollegin sowie die PC-Kurse tragen Früchte. Ich entspanne mich, die Stimmung wird besser. Meine Kontrahenten haben sich inzwischen mit dem Gedanken, mich als Mitarbeiterin zu haben, versöhnt. Da ich gute Arbeit leiste, überträgt mein Vorgesetzter mir immer mehr Verantwortung, die ich dankbar annehme.

Auf dem Kriegsfuß stehe ich nur noch mit Tätigkeiten im Warenexport. Deshalb mache ich mich im Eiltempo mit den Zollbestimmungen vertraut und dazu eigne mir die englischen Begriffe an. Es wundert mich anfangs, dass alle Sendungen, wie vorgesehen, in den entlegensten Winkeln der Erde ankommen.

Diese Arbeit darf ich zwei Jahre lang ausüben. Während meiner Zeit dort beschließt die Firmenleitung allerdings, das Unternehmen umzustrukturieren, um sich am hart umkämpften Markt besser zu behaupten.

Ich werde wie einige Kollegen und Kolleginnen betriebsbedingt gekündigt. Leider führt diese Maßnahme nicht dazu, dem Unternehmen die Selbstständigkeit zu sichern. Es wird kurze Zeit später verkauft. Dennoch bin ich bin ich sehr dankbar, dort gearbeitet zu haben. Ich habe ich viel gelernt, was mir später zugutekommen soll.

Kapitel 7: Weiterbildung und neue Perspektiven

Wenige Monate nach dem Beginn meiner Ausbildung treffe ich den Entschluss, mich direkt im Anschluss beruflich weiterzubilden. Ein Studium kommt für mich nicht in Frage. Stattdessen soll es eine Weiterbildung mit einem hohen Praxisbezug sein. Nach einigen Recherchen finde ich die passende für mich: Die Industrie- und Handelskammer in Dortmund bietet eine nebenberufliche Weiterbildung zur Verkehrsfachwirtin an. Voraussetzung für die Teilnahme an der späteren Abschlussprüfung ist neben dem Abschluss der Ausbildung zur Speditionskauffrau eine mindestens zweijährige Berufspraxis.

Ziel: Verkehrsfachwirtin

Wenige Monate nachdem ich im Februar meine erste Arbeitsstelle angetreten habe, sitze ich für die nächsten zwei Jahre an zwei Abenden in der Woche im Seminargebäude der IHK in Dortmund. Die einzelnen Themen finde ich sehr spannend, lange kann ich mich nicht auf eine Spezialisierung festlegen. Das Thema Luftfracht scheidet aufgrund meiner Englischdefizite von vornherein aus. Als das Thema Straßengüterverkehr, insbesondere der Transport mit gefährlichen Gütern, thematisiert wird, finde ich endlich den Bereich, der zu meinen Vorstellungen passt.

Bei meinen Mitstreitern hält sich die Begeisterung für den Bereich Gefahrguttransport in Grenzen. Die vielen Paragrafen und die Aussicht, dass diese alle zwei Jahre überarbeitet werden, halten sie davon ab, sich damit näher

zu befassen. Ich aber sehe in dieser Spezialisierung meine Chance.

Zur Weiterbildung kommt die mühsame
Einarbeitung bei meinem Arbeitgeber und
die zusätzlichen PC-Kurse. Mein Leben
besteht für lange Zeit nur aus Arbeit und
Lernen. Während meine Freunde ihre Freizeit
genießen, sitze ich vor den Büchern. Direkt
zu Beginn der Weiterbildung wird uns
mitgeteilt, dass die Durchfallquote sehr hoch
ist. Tatsächlich lichtet sich unsere Gruppe von
Monat zu Monat. Von 30 Teilnehmern, die
mit mir gemeinsam gestartet sind, werden nur
zwölf zur Abschlussprüfung zugelassen; nur
die Hälfte besteht.

Einige Monate vor der Prüfung verliere ich
betriebsbedingt meine Arbeitsstelle. Um
meine Abschlussprüfung machen zu dürfen,
bin ich gezwungen, mir schnell eine neue
Stelle zu suchen.

Meine Chancen stehen gut. Der Arbeitsmarkt hält genug Angebote bereit.

Chance: Gefahrguttransport

Das Thema Gefahrguttransport begegnet mir zum ersten Mal bei meiner Weiterbildung zur Verkehrsfachwirtin. Dort stelle ich fest, dass ich eine Vorliebe für Gesetzestexte habe. Ich arbeite am liebsten mit einer festgelegten Struktur, die Gesetze geben mir dabei einen festen Rahmen, in dem ich mich bewegen kann.

An meiner neuen Arbeitsstelle arbeite zunächst in anderen Bereichen der Logistik: im (Groß) Kundenservice, der Schadensabteilung und der Fahrzeugabfertigung. Abrechnung, Außendienst und Disposition wecken nicht unbedingt mein Interesse. Besonders die letzten beiden Bereiche halten täglich viel Stress bereit.

Zum zweiten Mal begegnet mir das Thema Gefahrguttransport bei meinem Arbeitgeber.

Er will sich an einer Ausschreibung bei einem großen Chemieunternehmen beteiligen. Dafür benötigt er einen Gefahrgutbeauftragten in seiner Spedition. Eine Umfrage bei den Mitarbeitern ergibt, dass sich keiner mit diesem komplexen Thema beschäftigen möchte. Hinzu kommt der Umstand, dass die Prüfung als Gefahrgutbeauftragter alle fünf Jahre wiederholt werden muss. Für die Kollegen ist diese Aussicht ein K.O.-Kriterium.

Ich dagegen erkundige mich nach Fortbildungsmöglichkeiten. Schulungen dauern meist nur fünf Tage. Ich kann mir nicht vorstellen, in dieser kurzen Zeit das Thema zu verinnerlichen und dann diese Aufgabe verantwortungsvoll zu erfüllen. Ein längerer Zeitraum erscheint mir sinnvoller. Sollte die Ausschreibung meines Arbeitgebers erfolgreich sein, würden die Transporte ohnehin erst in einigen Monaten beginnen. Diese Zeit würde ich für einen Lehrgang investieren. Die Lösung: Ein Hamburger Institut bietet einen Fernlehrgang, bei dem ich mir in einem angemessenen Zeitraum die vorgegebenen Inhalte aneignen und diese mit einem Tutor auch online besprechen kann. So beschäftige ich mich an drei Abenden der Woche mit dem Gefahrguttransport im Straßengüterverkehr. Das Thema packt mich.

Es muss sich was ändern!

In dieser Zeit bietet mir mein Arbeitgeber an, die Kundenakquise zu übernehmen. Nach kurzer Zeit stelle ich fest, dass mir das nicht besonders liegt. Nach einem offenen Gespräch taucht bei mir nun die Idee auf, mich als externe Gefahrgutbeauftragte selbstständig zu machen. Ich frage Kollegen, recherchiere in der Logistikbranche und finde heraus, dass dieser Bereich entweder intern oder extern gehandhabt wird.

Für mich ist es schwer vorstellbar, komplexe Sachverhalte nach Feierabend zügig und zufriedenstellend zu bearbeiten. Auch müsste ich Kundenbesuche nach meiner Arbeitszeit oder im Urlaub machen. So bleibt am Ende nur eine Option: die Selbstständigkeit in Vollzeit als externe Gefahrgutbeauftragte.
Nach der sechsmonatigen Fortbildung beim Ferninstitut melde ich mich zur Prüfung bei der

IHK Dortmund an. Dank guter Vorbereitung bestehe ich mit einem guten Ergebnis.

Danach verfolge ich den Plan, das erste Jahr als interne Gefahrgutbeauftragte für meinen Arbeitgeber tätig zu sein, um die nötige Berufserfahrung zu sammeln. Es zeichnet sich jedoch schon bald ab, dass dieser Aufgabenbereich nur eine sehr untergeordnete Rolle spielt. Das macht mich unzufrieden. Ich habe Bedenken, dass der Lernstoff schnell wieder in Vergessenheit gerät, wenn ich ihn nicht regelmäßig anwende. Um dem etwas vorzubeugen, abonniere ich eine Gefahrgutzeitschrift. Hier lese ich Artikel über viele interessante Aspekte, die bei meinem aktuellen Arbeitgeber leider keine Rolle spielen. So wächst meine Frustration. Das bekommen auch meine Kollegen und natürlich auch mein Arbeitgeber mit.

Auf der Fahrt von der Arbeit nach Hause, wenige Wochen nach meiner Prüfung, fahre ich hinter einem Tanklastwagen auf der Autobahn und denke über meine berufliche Zukunft nach. Um meine Stimmung aufzuhellen, schalte ich das Radio ein. Die Moderatorin kündigt einen Oldie an. Ich will den Sender wechseln, unterlasse es jedoch – und höre „My Way" von Frank Sinatra. Die Würfel sind gefallen!

Kapitel 8: Zurück zu den Wurzeln

2018 ergibt sich durch die Veranstaltungen im Rahmen der interkulturellen Woche des Integrationsrates der Stadt Unna zum Thema Polen eine gute Gelegenheit, sich mit den Menschen und der Kultur meines ehemaligen Heimatlandes zu beschäftigen.

Polen mit Humor

Die letzte Veranstaltung der interkulturellen Woche ist ein Publikumsmagnet: ein Kabarettabend mit Steffen Möller. Ich habe seine Bücher bereits mit viel Begeisterung gelesen und freue mich sehr auf seinen Auftritt im Kühlschiff. Möller, ein Deutscher, ist als Kabarettist, Schauspieler und Buchautor in Polen sehr populär.

Innerhalb weniger Tage ist der Abend nahezu ausverkauft, an der Abendkasse sind noch wenige Eintrittskarten erhältlich, leider zu wenige, um die große Nachfrage zu befriedigen. Die Veranstaltung ist ein voller Erfolg. Möller versteht es, manche Eigenarten der Polen in humorvoller und zugleich wertschätzender Art zu präsentieren. Das Publikum ist sehr angetan, ich selbst habe mich selten so gut amüsiert – und erinnere ich mich an eigene Erlebnisse. An den Reaktionen der anderen

Besucher kann ich sehen, dass es ihnen genauso ergeht.

Meine Recherchen im Anschluss ergeben, dass die Menschen, die ursprünglich aus Polen kommen und in Unna leben oder sich aus anderen Gründen für Polen interessieren, in keinem eigenen Verein organisiert sind.

Durch einen glücklichen Zufall bekomme ich einen Flyer des Multikulturellen Forum e. V. aus Dortmund in die Hand. Er enthält auch die Kontaktdaten von Pascal Krümmel, der dort für ein interessantes Projekt zuständig ist: Er unterstützt Menschen mit Migrationshintergrund bei der Gründung eines Vereins. Ich bin ich zunächst skeptisch, ob seine Versprechen auch der Realität entsprechen, werde jedoch sehr positiv überrascht. Krümmel begeistert mich mit seinem Fachwissen und seiner produktiven und pragmatischen Art. Nach zwei persönlichen Treffen bin ich überzeugt, dass ein Kulturverein, der sowohl die polnische als auch die deutsche Kultur in den Blick nimmt, das Richtige ist. Pascal Krümmel unterstützt uns bis zur erfolgreichen Gründung und wird auch danach zu unserem wertvollsten Ratgeber – und ein Mitglied des neuen Vereins.

Ein Missgeschick

Dem Deutsch-Polnischen Kulturverein Unna e.V. treten seit seiner Gründung am 7. Juli 2018 fortwährend neue und vor allen Dingen interessante Mitglieder bei, die das Vereinsleben durch ihre Ideen und Aktivitäten bereichern. Mit Malgorzata Socha hat er einen zweiten Glücksgriff getan. Sehr engagiert, voller Ideen und mit Power bringt sie zusammen mit dem Vereinsvorstand viele Projekte erfolgreich auf den Weg.

Ein Jahr nach dem Kabarettabend wollen wir im Buhre-Haus in Unna eine Lesung aus Steffen Möllers neuem Buch „Weronika, Dein Mann ist da" veranstalten. Mit Wolfgang Patzkowsky haben wir einen charismatischen und erfahrenen Veranstaltungspartner an unserer Seite. Wir lassen dafür sehr professionell aussehende Plakate drucken.

Der Redakteur der Tageszeitung „Hellweger Anzeiger", der unseren Verein stets mit Presseartikeln unterstützt, gibt auch diesmal eine Pressemitteilung zur Lesung heraus. Am Tag der Veröffentlichung verkaufe ich am Telefon innerhalb von zwei Stunden alle 40 Eintrittskarten. Ich komme an diesem Vormittag zu nichts anderem mehr. Auch nicht dazu, den Zeitungsartikel genauer zu lesen. Das mache ich erst mittags, als sich der Ansturm gelegt hat. Beim Lesen wird mir klar, dass der Artikel so aufgefasst werden könnte, dass Möller selbst aus seinem Buch liest – und das für 5,00 € Eintritt inkl. Pierogi.

Um den Irrtum schnell aufzuklären, rufe ich alle an, die Karten bei mir bestellt haben, und kläre das Missverständnis auf. Ich werde positiv überrascht. Fast alle wollen kommen, auch wenn Möller nicht selbst liest, sondern zwei Vereinsmitglieder dies tun werden. Sie erklären uns, dass unsere Plakate sie zu glauben veranlasst haben, Möller werde persönlich anwesend sein.

Um den Autor selbst über unser Vorhaben – und das „Plakatmissgeschick" – zu informieren, setzt Malgorzata Socha alle Hebel in Bewegung. Wir wollen auf keinen Fall den Eindruck erwecken, dass wir mit seinem Namen Schindluder treiben.

Möller ist sichtlich angetan vom Engagement unseres Vereins und amüsiert sich über unser kleines Missgeschick. Wir beschließen, zwecks künftiger Live-Auftritte in Kontakt zu bleiben. Der Redakteur hat inzwischen auch eine „Richtigstellung" seines Zeitungsartikels veröffentlicht.

Noch mehr Polnisches

Das Buhre-Haus ist für unseren Verein ein idealer Ort, um eine solche Lesung zu veranstalten: gemütliche Atmosphäre, leckere Getränke und ein Gastgeber der besonderen Art. Abends stehen weitere Interessierte am Eingang, obwohl in der Presse stand, alle Karten seien verkauft. Wie damals im Kühlschiff wird es ein richtig gelungener Abend mit lustigen Texten und guter polnischer Küche. Für unsere Veranstaltungen kaufen wir in einem polnischen Laden ein, den es seit einiger Zeit in Unna gibt. Lebensmittel, die ich als Kind sehr gern gegessen habe, stehen dort im Regal, was mich sehr froh macht. Nun werden im Buhre-Haus fünf Sorten Pierogi als Buffet aufgebaut und von unseren Besuchern genüsslich verspeist.

Die positive Resonanz auf die polnischen Gerichte bringt uns auf die Idee, in Kooperation mit der Volkshochschule Kochkurse anzubieten. Malgorzata Socha erklärt sich bereit diese zu leiten. Unsere kulinarischen Abende finden großen Zuspruch.

Eins kommt nun zum andern: Es erreichen uns immer öfter Anfragen nach Polnisch-Sprachkursen. Malgorzata Socha zögert auch hier nicht lange und stellt sich als Dozentin zu Verfügung. Seitdem gibt es an der VHS Unna-Fröndenberg-Holzwickede Polnisch-Sprachkurse. Ich selbst nehme auch an zweien teil. Durch den Kontakt mit anderen Vereinsmitgliedern aus Polen wurde mir schnell bewusst, dass ich vieles vergessen habe oder Wörter gebrauche, die heute niemand mehr nutzt. Das ist nicht verwunderlich, schließlich war mein damaliger Wortschatz der eines Kindes. Um meine Polnisch-Kenntnisse zu verbessern, abonniere ich einige polnische TV-Sender. So lerne ich die Sprache wieder, die jahrzehntelang brach lag.

Weitere Pläne

Bisher wurden alle Veranstaltungen von einem kleinen Organisationsteam aus Vereinsmitgliedern besprochen und organisiert. Das kann jedoch kein Dauerzustand sein. Unser Verein braucht eine feste Bleibe: für gemeinsame Treffen und als Ansprechpunkt für Interessierte. Das finanzielle Budget des Vereins schränkt die Möglichkeiten ein. Dennoch werden wir fündig und können mit Mobiliar, das wir durch eine Förderung der Bezirksregierung Arnsberg kaufen können, ein provisorisches Büro einrichten. Doch geht die Suche nach einem geeigneten Raum weiter. Im Januar 2021 werden wir zum Glück wieder Mieter eines tollen Büros.

Durch den inzwischen regen Kontakt zu Steffen Möller entsteht die Idee für einen zweiten Live-Auftritt in Unna. Unser Organisationsteam macht sich auf die Suche nach einem großen Saal. In der Stadthalle stoßen wir auf ein Team, das die sich bei Veranstaltungen dieser Größenordnung sehr gut auskennt und uns glücklicherweise Unterstützung bei der Umsetzung anbietet. Das macht mich als Vorstandsmitglied ein wenig gelassener. Der Kabarettabend sollte im November 2020 stattfinden. Aufgrund der Corona-Pandemie musste er jedoch verschoben werden. Nächster Termin ist der 18. September 2021, vorausgesetzt, dass uns Corona nicht wieder einen Strich durch die Rechnung macht.

Kooperation mit einem polnischen Verein in Misdroy

Unser nächstes großes Ziel ist eine Kooperation mit dem polnischen Verein Nadmorski Uniwersytet Trzeciego Wieku in Międzyzdroje (Misdroy). Erste Kontakte haben dieses Vorhaben auf den Weg gebracht, ein persönliches Treffen erfolgt, sobald Reisen wieder möglich sind.

Die Pandemie hat unser reguläres Vereinsleben zum Erliegen gebracht: keine Veranstaltungen, keine Kochabende und keine Treffen. Wir behelfen uns mit virtuellen Treffen und Telefongesprächen. Sobald sich die Umstände ändern, geht es wieder los. Wir freuen uns auf viele schöne Veranstaltungen. Wir haben noch viel vor!

Neuer Vorstand ab Februar 2021

Während der Pandemie haben wir einen neuen Vorstand gewählt. Nun bestimmt Frauenpower die Geschicke des Vereins für die nächsten zwei Jahre. Ich bleibe als erste Vorsitzende im Vorstand. Ergänzt wird er durch Malgorzata Socha als 2. Vorsitzende und Claudia Notzon als Kassiererin und Pascal Krümmel als Beisitzer.

Die Autorin

Margarete Piekulla lebt in Nordrhein-Westfalen und erkundet seit einigen Jahren ihre ursprüngliche Heimat Polen.